U0887673

智元微库
OPEN MIND

成长也是一种美好

婚姻家事案件讲义

王忠/著

人民邮电出版社
北京

图书在版编目（CIP）数据

婚姻家事案件讲义 / 王忠著. -- 北京 : 人民邮电出版社, 2023.2（2023.5重印）
ISBN 978-7-115-60665-5

Ⅰ. ①婚… Ⅱ. ①王… Ⅲ. ①婚姻家庭纠纷－案例－中国 Ⅳ. ①D923.905

中国版本图书馆CIP数据核字(2022)第229393号

◆ 著 王 忠
责任编辑 黄琳佳
责任印制 周昇亮
◆人民邮电出版社出版发行 北京市丰台区成寿寺路 11 号
邮编 100164 电子邮件 315@ptpress.com.cn
网址 https://www.ptpress.com.cn
涿州市京南印刷厂印刷
◆开本：700×1000 1/16
印张：15.5 2023 年 2 月第 1 版
字数：200 千字 2023 年 5 月河北第 3 次印刷

定 价：79.80 元

读者服务热线：（010）81055522 印装质量热线：（010）81055316
反盗版热线：（010）81055315
广告经营许可证：京东市监广登字20170147号

推荐序

《中华人民共和国民法典》（以下简称《民法典》）是新中国第一部以“典”命名的法律。它在中国特色社会主义法律体系中具有重要地位，是一部固根本、稳预期、利长远的基础性法律。《民法典》整合了散乱的民事单行法，构建了在统一价值指导下的完整规范体系，广大法律工作者只有理解和把握《民法典》体系化的作用，才能解释好、运用好《民法典》。

我国《民法典》婚姻家庭编作为调整婚姻关系和家庭关系的法律规范的总和，是《民法典》的重要组成部分，该编是在原《婚姻法》《收养法》的基础上经过修改、补充而形成的，其分为五章，具体包括一般规定、结婚、离婚、家庭关系、收养，共计79条。它以调整婚姻关系为核心，注重树立优良家风，弘扬家庭美德，重视家庭文明建设，保持了中华民族传统的敬老爱幼、家庭和谐等优良传统美德。该编既注重保护家庭成员的权利，也注重引导家庭成员履行其法定义务。该编充分彰显了中国特色、实践特色和时代特色。

法典化就是体系化。婚姻家庭法入典后，已经与《民法典》其他编构成一个完整的逻辑体系，这就需要我们高度重视婚姻家庭编与《民法典》其他各编之间的密切联系，维护《民法典》体系的完整性与价值的融贯性，避免出现体系矛盾，最大化地实现《民法典》的体系效应。因此，在适用婚姻家庭编过程中，如何以体系化视角，准确理解、把握婚姻家庭编与《民法典》其他各编的相互关系，保持法典内部体系融贯，是一个需要讨论的重要问题。这要采取体系找法、体系释法、体系用法的方法，以准确理解并适用这些法律。也就是说，要从单行法思维转变到法典化思维，准确适用《民法典》婚姻家庭编，以维护家庭和谐有序，实现对社会的有效治理。

婚姻家事问题是《民法典》中适用性很广泛的实务问题，王忠博士深耕民事审判领域几十年，对婚姻家事案件有很多操作层面的深刻理解，从理论与裁判实务结合的角度，以体系化思维，为婚姻家事案件的实务操作与法律学习提供了一种独特的视角。

本书从法官裁判思维和律师实务角度对婚姻家事的典型案件抽丝剥茧，自成体系，对专业读者学习《民法典》是很好的普及性读物。

王利明

中国人民大学一级教授、博士生导师

前言

婚姻家事案件是民事领域最主要的案件类型之一，涉及实体法《民法典》总则编、婚姻家庭编、物权编；程序法涉及诉讼标的、诉的利益、诉权、既判力等热点、难点问题，争议类型多样、复杂。本书旨在从理论与裁判实务结合的角度为婚姻家事案件的实务操作与法律学习提供重要的参考工具。

笔者从事民事审判工作近30年，在一线审理及研究10000多个案件。笔者在本书中先归纳整理了7个婚姻家事典型案件专题，从法官裁判思维和律师出庭实务两个角度出发，帮助读者尤其是年轻律师厘清以下问题：

- 理解案件涉及哪些法律关系?
- 请求权基础是什么?
- 核心法条是什么?
- 要件事实是什么?

- 举证责任怎么分配、证明标准（高度）等程序法、实体法经纬交织组成的相关法律问题是什么？
- 有什么事实问题可以成为争议的焦点？
- 什么法律问题成为法律争议的焦点，我们寻求的对应路径是什么？
- 法官如何对案件像剥洋葱一样，层层剥开事实，将其涵摄于法律规范的大前提？

本书还特别关注最新、最热案由——案外人执行异议之诉，因其涵盖诉讼策略选择、案由选择、离婚赠与协议、子女有无诉权等多维度的法律价值判断，会分为两部分详细讨论梳理。

好法官就像有经验的中医，关键是要号准脉。站在更加恢宏的背景下审视法律、道德和人性时，律师的视野也会豁然开朗。本书解决的是中国本土现存的各种婚姻家事纠纷，除了法学经典的熏陶，更重要的是将我们的根深深扎入传统文化的泥土里，做一个接地气的法律人。

与读者共勉。

目录

壹

夫妻约定一方房产归对方所有或共有相关法律问题

拓展知识

以《民法典婚姻家庭编司法解释（一）》第 32 条（原《婚姻法司法解释（三）》第 6 条）为切入点

案例

案例一：冯某与王某于2012年2月登记结婚，二人于2012年7月签订协议，约定冯某将婚前的一套房屋转让给王某，该行为与双方夫妻关系无关，协议签订之日王某取得该房屋，但未办理过户手续。王某诉至法院要求确认案涉房屋为其所有。法院生效判决认为，冯某与王某的约定属于赠与协议，不具有公益、道德性质，亦未经过公证，财产权利未转移，赠与人可撤销赠与。遂判决驳回王某的诉讼请求。

案例二：马某与张某于2005年登记结婚，2011年双方签订协议，约定马某婚前出资首付款、婚后共同还贷并登记在其个人名下的房屋为夫妻共有，协议签字生效，后一直未加名。2013年6月，张某起诉离婚，要求确认房屋为夫妻共同财产。

法院生效判决准予离婚，认为马某与张某采用书面形式对该房屋的产权状况进行了约定，属《婚姻法》第19条夫妻财产约定，该约定不违反法律法规的强制性规定，应予认可，对双方均具有约束力。遂判决该房屋归马某所有，由马某支付张某相应房屋折价款。

核心点

夫妻约定一方房产归对方所有或共有的性质

“夫妻约定一方财产归对方所有或共有”，通常体现为夫妻一方将房产等大额财产的全部或部分份额给付对方。从上述案件的裁判看，法官对夫妻财产约定与夫妻间赠与存在认识上的分歧，对裁判基础的论理不足，似有从结果到依据的反推裁判逻辑过程之嫌。如果欲撤销约定则适用夫妻赠与条款，如果不欲撤销则适用夫妻财产约定规则；但整体上裁判结果是公正的。裁判不一的原因，主要是我国夫妻约定财产制立法尚待完善，目前既缺乏相配套的夫妻财产约定登记制度衔接，又缺乏可操作性和对约定不当的救济途径；加之对夫妻财产约定的理论认识不足，转型时期婚姻家事案件涉房问题突出、利益巨大，解决问题的司法导向迫使最高人民法院司法解释对“夫妻约定一方房产归对方所有或与另一方共有”采取夫妻赠与的裁判路径，从而可以适用《民法典》第 658 条关于任意撤销权的规定。而对夫妻约定双方共有房产归另一方单独所有或从共同共有约定为按份共有，则并不适用该条司法解释。

司法实践中，欲解决“夫妻约定一方房产归对方所有或共有”的认定问题，实质上就是要区分该约定属于夫妻财产约定还是夫妻间赠与。这需要我们在《民法典》对夫妻约定财产制具体设置的基础上，厘清夫妻财产约定和夫妻间赠与的内涵，并熟悉法院在该类案件中的裁判思维，以方便律师熟练作业。

一、夫妻财产约定的界定

所谓夫妻财产约定，又称夫妻财产制约定或夫妻财产制契约，是指夫妻或即将成为夫妻之人，就夫妻之间的财产关系采用何种夫妻财产制所订立的契约。相对于一般财产契约，夫妻财产约定具有如下特征。

1. 主体的特定性

夫妻财产约定的当事人须具备夫妻身份，夫妻财产约定可在婚前或在婚姻存续期间缔结，但如果婚姻关系不成立、被宣告无效或被撤销，则该约定自始不生效。所以，夫妻财产约定的生效以当事人具备夫妻身份为前提。夫妻可以成为一般财产契约的主体，但不具备夫妻身份的人不能订立夫妻财产约定。

2. 内容的特殊性

夫妻财产约定解决的是夫妻财产制的问题，内容主要是选择夫妻财产制或变更、排除法定夫妻财产制的适用。如果夫妻约定的内容与夫妻财产制无关，则不发生夫妻财产约定的效力，夫妻的日常家事代理权即属此列，基于此代理权所发生的财产关系，不能成为夫妻财产约定的内容。

3. 效力上的附随性

婚姻法中的身份法律行为分为形成的身份法律行为和附随的身份法律行为，前者以亲属关系的设定、废止或变更为目的，如结婚行为；后者以形成行为为前提，附随此等行为而为的行为，夫妻财产约定当属于此。夫妻财产约定可以婚前订立，但生效以婚姻的缔结为前提；婚姻无效或被撤销，夫妻财产约定亦不生效；婚姻关系消灭的，夫妻财产约定未履行部分效力终止。

4. 形式上的要式性

夫妻财产约定优先于夫妻法定财产制的适用，关于夫妻财产的具体分配，法律要求当事人慎重对待夫妻财产约定，将夫妻财产约定设定为要式行为，该约定只有存在书面协议的情况下才能生效。[1]

5. 法律效果的特殊性

与一般财产契约的债权性不同，较多的大陆法系国家或地区的夫妻财产制约定经法定的婚姻登记机构登记后具有物权性，直接发生夫妻财产法的效果，即当事人选定财产制度后，排除、变更法定财产制的适用，协议后无须采取物权法要求的物权变动形式实现物权的转移。例如《德国民法典》第1416条规定："(1)夫的财产和妻的财产因财产共同制而成为双方共同的财产（共同财产）。夫或妻在财产共同制存续期间所取得的财产，也属于共同财产。(2) 各个标的成为共同的；无须以法律行为转让之。(3) 已登记于土地登记簿或可登记于土地登记簿的权利，成为共同的权利的，配偶任何一方可以向另一方请求协助更正土地登记

1. 许莉.夫妻房产约定的法律适用——基于我国约定夫妻财产制的考察［J］.浙江工商大学学报，2015（1）：55-63.

簿。已登记于船舶登记簿或建造中船舶的登记簿的权利，成为共同的权利的，准用前句的规定。”由此，《德国民法典》规定的约定夫妻共有财产制中，当事人基于约定，当然共有，无须以法律行为转让，夫或妻一方可依约定当然享有共有权并有权请求予以登记。

二、夫妻财产约定与夫妻间赠与的区分

对于夫妻财产，当事人之间既可以进行夫妻财产约定，也可以进行赠与。夫妻间赠与是指夫妻一方将个人财产赠与对方的行为，其与夫妻财产约定的区别如下。

1. 行为性质不同

如前所述，夫妻财产约定在性质上属于附随的身份法律行为，其虽以财产关系为内容，但依赖于婚姻关系而存在。若发生婚姻不成立或离婚的情形，则夫妻财产制契约即不生效或无效。夫妻财产约定中，“夫妻约定一方财产归对方所有或共有”是基于夫妻身份而为之，其目的在于缔结婚姻或借此增进相互之间的感情，以维护家庭稳定、维系婚姻长久。而夫妻间赠与属于财产行为，受赠人能够无偿接受赠与人的馈赠，其效力与夫妻关系是

否存在无关，也就是说，即使不存在夫妻关系，赠与人也会对受赠人作出赠与表示。

2. 形式效力不同

夫妻间财产约定常与身份关系的存在结合在一起，或与夫妻间的扶养扶助、家庭劳务结合在一起，或与其他财产的转移及未来财产的分配结合在一起。夫妻财产约定是十分重要的事，故法律要求应以要式为之。根据《德国民法典》第 1410 条规定，夫妻财产制契约应由夫妻双方于公证人面前作成。根据《德国民法典》第 1412 条规定，该财产制契约配合登记于管辖机关的登记簿，始得对抗第三人。协议一旦订立，对内在双方之间便发生拘束的效果。但根据《德国民法典》第 1408 条规定，夫妻得以契约（结婚契约）订定其财产关系；于结婚后，亦得废止或变更财产制。而在我国，夫妻间赠与则属于单务诺成行为，受赠人基于赠与合同取得要求赠与人交付赠与物的债权请求权，不发生物权的效力，赠与人实际取得赠与物仍需要遵守《民法典》物权编的要求履行物权变动手续，物权实际变动之前，赠与人可以依照《民法典》合同编行使任意撤销权，出现法定撤销情形的，物权变动后亦可撤销。

3. 目的不同

在婚姻关系存续期间，夫妻财产内部的变动出于婚姻稳定的动机，对当事人并无实质上的影响，双方作为婚姻共同体对财产当然均享利益，即无论约定的特定财产归一方所有还是双方共有，都由双方共同使用，收益也归夫妻双方享有，约定发生的变动可谓“有名无实”。只有在离婚或夫妻一方死亡时，约定的财产变动才有意义。所以，约定双方所追求的产权变动意思与身份变动相关联。而赠与合同的赠与人有明确的无偿移转财产的意思，受赠人接受赠与，一旦赠与合同成立并实际履行，则赠与物归受赠人所有，赠与人不再期望对赠与物享有任何利益，不得限制、影响受赠人行使对赠与物的权利，受赠人可排除赠与人对赠与物的使用。[1]

法理上，“夫妻约定一方财产归对方所有或共有”的属性为何，需要从行为性质、订约动机及形式等方面加以区分。即使不存在婚姻关系，男女一方亦会作出将其财产“归对方所有或共有”的表示，是为夫妻间赠与，属一般财产行为，适用《民

1. 许莉.夫妻房产约定的法律适用——基于我国约定夫妻财产制的考察［J］.浙江工商大学学报，2015（1）：55-63.

法典》合同编、物权编的相关规则。如果一方书面作出将其财产“归对方所有或共有”的表示背后是基于婚姻关系缔结或维系婚姻家庭基础的希冀，是为夫妻财产约定，属附随的身份法律行为，本应优先适用《民法典》婚姻家庭编的规定，但在中国转型时期的婚姻家事纠纷中，这种案型矛盾的激化导致最高人民法院对此进行了本土化改造。

三、最高人民法院原《婚姻法司法解释（三）》第6条的解读

法理上，通说认为，对夫妻财产制契约的内容，立法例主要有两种模式：第一，选择式夫妻财产制契约，即设置几种典型的夫妻财产制，由当事人选择，当事人不能选择立法设置之外的财产制；第二，独创式夫妻财产制契约，即法律不限制夫妻财产制契约内容，允许当事人根据自己的意愿任意选择夫妻财产制，或变动法定夫妻财产制。例如《法国民法典》第1387条规定：“……夫妻之间的特别约定，只要不违反善良风俗和以下各项规定，如其认为适当，得随其意愿订立之。”

我国原《婚姻法》第19条规定：“夫妻可以约定婚姻关系存续期间所得的财产以及婚前财产归各自所有、共同所有或部分

各自所有、部分共同所有。约定应当采用书面形式。没有约定或约定不明确的，适用本法第 17 条、第 18 条的规定。夫妻对婚姻关系存续期间所得的财产以及婚前财产的约定，对双方具有拘束力。”原《婚姻法》第 19 条与独创式立法模式是相符的。因为在独创式立法模式下，排除或变更法定财产制的约定存在两种情形：一是直接以有名的夫妻财产制度替代法定财产制；二是对法定财产制的部分内容加以变动，此处的部分内容可以是某类财产或某特定财产，除约定范围内的财产，其他财产仍为法定夫妻财产制。我国夫妻财产约定已经涵盖了所有的夫妻财产契约类型，是开放选择式的，属独创式夫妻财产制契约，当事人可以不定向任意选择，故“夫妻约定一方财产归对方所有或共有”属夫妻财产约定的题中之义。我国婚姻法从一开始就没有像德国法那样采用固定的财产制模式，而是承认一种宽松的、可由当事人自由选择的财产模式。因此，我国民法并没有严格区分夫妻财产制契约与夫妻个别财产归属约定，《民法典》第 1065 条所规范的也不仅仅是约定财产制，而是更宽泛意义上的夫妻财产约定关系，既可以对全部夫妻财产进行约定，也可以对部分夫妻财产进行约定；既可以概括地约定采用某种夫妻财产制，也可以具体地对某一项夫妻财产进行约定。换言之，在解释论上，针对特定财产的夫妻财产归属约定也可容纳于《民法典》第 1065 条。事实上，诉讼中大量适用原《婚姻法》第 19 条的案例都是针对特定房产归属的约定，而非针对夫妻整体财产的约定。如果将夫妻个别财产归属约定从《民法典》第 1065 条的适用范围中排出，那么，该条的实践意义将大大缩减。[1]

关于现行夫妻约定财产制中是否包含“夫妻约定一方财产归对方所有或共有”的情形，最高人民法院对此持反对意见，“经反复研究论证后，我们认为，我国《婚姻法》规定了三种夫妻财产约定的模式，即分别所有、共同共有和部分共同共有，并不包括将一方所有财产约定为另一方所有的情形。”原《婚姻法司法解释（三）》第 6 条就是在此观点基础上设立的。有学者认为，该观点是对原《婚姻法》第 19 条规定的夫妻财产约定的错误解读，“夫妻约定一方财产归对方所有或共有”应属原《婚姻法》第 19 条中的“部分各自所有、部分共同所有”的范畴。

1. 陈永强.夫妻财产归属约定的法理明晰及规则适用［J］.中国法学，2022（2）：103.

四、域外立法例的借鉴和我国最高人民法院的无奈选择

“夫妻约定一方财产归对方所有或共有”如被认定为夫妻财产约定，其能否撤销在《民法典》婚姻家庭编中并未明确，由此形成法律漏洞。就此，《法国民法典》确立了“夫妻之间财产性质的利益”的原则，即“夫妻之间财产性质的利益不视为赠与”。法国最高法院在判决中进一步明确：“采取全部概括共同财产制并规定将全部共同财产归属健在配偶的条款，是第 1524 条与第 1526 条所规定的一种选择，由于这种选择不视为赠与，因此，为此目的的改变夫妻财产制的协议并不损害夫妻共同子女的特留份权利。”

夫妻双方选择一般共同制可使一方无偿取得财产共有权，但不能适用《合同法》中关于赠与合同的规定。“夫妻约定一方财产归对方所有或共有”亦属夫妻财产约定，故亦不能适用《合同法》中关于赠与合同的规定。夫妻财产约定属附随的身份法律行为，以婚姻关系的存在为基础。只要婚姻关系存在，约定财产物权即已变动，约定履行完毕前，不得任意撤销。法国法这种否定夫妻间既有财产赠与的可撤销性，只会“令原本在婚姻存续期间生效的配偶间既有财产之赠与变得日益稀少”，伴侣往往会采取另外的规避方式实现同样的目的。

在审判实务中，如果囿于身份属性采用法国不得撤销赠与的模式会导致双方财产利益严重失衡，在夫妻关系恶化准备离婚诉讼中，房产虽未过户但不得撤销该赠与或约定以及在个人房产甫一完成过户登记为对方单独所有或与其共有后，受赠方立刻提起离婚的场合，如果对此没有救济制度，赠与方就要面临人财两空的局面。

对此弊端，德国法院通过类推《德国民法典》第 313 条情事变更规则予以调整。情事变更规则是指在合同成立后，合同的基础条件发生了当事人在订立合同时无法预见的、不属于商业风险的重大变化，继续履行合同对当事人一方明显不公平的，受不利影响的当事人在与对方重新协商不成后，可请求法院变更或解除合同（参见我国《民法典》第 533 条）。与合同法相比，我国《民法典》第 533 条扩大了“情事”的范围，将“客观情况”变更为“基础条件”，从而使“情事”既包括客观交易基础（外在客观环境），也包括主观交易基础（作为当事人缔约时交易基础的主观想法），[1] 由此与德国法保持一致。[2] 德国审判实务在基于婚姻之给

1. 黄喆.德国交易基础理论的变迁与启示［J］.法学论坛，2010（6）：134.
2. 维尔纳・弗卢梅.法律行为论［M］.迟颖，译.北京：法律出版社，2013：589.

予场合适用《德国民法典》第313条，有时涉及主观交易基础，即认为给予方对婚姻关系将要持续的“期待或设想”构成交易的主观基础。在解释论上，对于夫妻间房产无偿给予协议办理公证的或给付完成后，短期内受领方提出离婚而给予方无婚姻过错的，给予方只能借助于情事变更规则的参照适用与目的性扩张获得救济。

在我国审判实务中，有法院明确运用了这一理论：“在夫妻双方感情破裂时，可认为夫妻一方作出的房产给予行为的情事发生了根本性变化。”[1]在《民法典》施行后，基于双方共同设想（或给予方设想而受领方明知）而发生的无偿给予，其返还纠纷同样可以适用情事变更规则。由于婚姻法中缺乏对夫妻财产约定撤销的规定，面对司法实践中存在的“闪婚闪离”现象，约定给予方的利益难以得到保障，同时房屋价值巨大，还有父母投入财富帮助子女购房以及数年按揭贷款的情况。一些案件中涉房法律纠纷已经不是夫妻二人的矛盾，而演化为两个家庭的财产纠纷。为解决这一突出问题，最高人民法院将矛盾突出、利益最容易严重失衡的个人婚前房产赠与另一方或与其约定为

1. 四川省宜宾市屏山县人民法院民事判决书，（2018）川1529民初657号。

共有的情形予以规制。借鉴德国基于婚姻之给予理论同时叠加双方有裂痕（感情破裂）激活交易基础丧失构成情事变更，仅针对该特定情形采取认定为赠与从而引入债法的任意撤销权的裁判路径。而对将双方共有的房产约定为另一方单独所有或按份共有的情形，该型矛盾没有上述案型尖锐，故留存空白，不予解释。

裁判思维

夫妻约定一方财产归对方所有或共有的法律适用

厘清了最高人民法院对夫妻约定一方财产归对方所有或共有的定性后，司法实践中还需要解决约定的生效时间、约定是否需要履行不动产物权变动形式、约定的适用条件等问题。

一、夫妻约定一方财产归对方所有或共有的生效时间

关于夫妻财产制的订立时间，即财产制契约应于何时订立，婚前、结婚当时还是婚后，存在有限制主义与自由主义两种立法例。两种立法例都认为，在结婚前或结婚时可以订立财产制契约，但对于结婚后能否订立、变更或废止财产制契约，有不同规定。限制主义立法例规定夫妻双方不得于结婚后才订立、变更或废止财产制契约，如法国、日本，其立法理由主要是保护婚姻关系中较为弱势的一方以及保护债权人的利益，防止夫妻双方利用财产契约转移财产、损害债权人的利益。自由主义立法例则允许夫妻在婚姻关系存续期间订立、变更或废止财产制契约，如德国、瑞士。[1]

我国《民法典》第1065条采纳了自由主义立法例，对作出财产制契约的时间未作限制，男女双方既可以在结婚前作出财产制契约，也可以在结婚时、结婚后作出约定。在结婚前作出约定的，在结婚时生效；在结婚时或结婚后订立的约定，夫妻

1. 最高人民法院民法典贯彻实施工作领导小组.中华人民共和国民法典婚姻家庭编继承编理解与适用［M］.北京：人民法院出版社，2020：174.

双方订立后即生效。由于结婚前尚未成立婚姻关系，故《民法典》第1065条将原《婚姻法》第19条中的“夫妻”修改为“男女双方”，从文字表述上更为准确。关于夫妻财产制的登记,《日本民法典》规定夫妻财产契约必须在结婚申报前订立，否则无效（第755条）；且夫妻财产契约如果不在结婚申报之前就此契约进行登记，不得对抗夫妻的承受人及善意第三人（第756条）。我国原《婚姻法》第19条和《民法典》第1065条只规定夫妻财产约定应当采用书面形式，无须登记，夫妻财产约定未采用书面形式，不生效力。但由于不存在配套的夫妻财产约定的法定登记制度，致使第1065条所确立的制度效果在实务中大打折扣。

二、夫妻约定一方财产归对方所有或共有应否履行物权变动手续

根据《民法典》物权编的规定，物权移转过程包括订约和履约两个阶段，前者是当事人达成将移转物权的合意，后者基于此合意而为登记或交付。当事人达成将移转物权合意的合同，是为“物权移转合同”，该合同并不发生移转物权之效，其目的在于保证物权移转。亦即当事人订立“物权移转合同”，非承诺物权即

时移转，而是承诺物权将移转，此时在当事人之间仅存在债权，不发生物权的变动。将“夫妻约定一方财产归对方所有或共有”认定为夫妻间赠与，赠与合同生效后，受赠人基于合意仅取得债权请求权，其要取得赠与物的所有权，应按照《民法典》物权编的要求进行动产交付或不动产过户手续，物权变动手续履行完毕后，受赠人才取得赠与物。

一种观点认为，《民法典》婚姻家庭编对夫妻财产关系的规定属于特别规定，应当优先适用《民法典》婚姻家庭编的规定，故夫妻之间有关房产赠与的约定无须经过物权变动手续，应当按照约定处理，对赠与房产一方主张撤销赠与合同的请求不予支持。

最高人民法院权威观点认为，夫妻有关财产的约定合法有效，但在将案型解读为赠与的情形下，依据赠与合同的相关规定，“赠与人在赠与财产的权利转移之前可以撤销赠与”“赠与的财产依法需要办理登记等手续的，应当办理有关手续”“具有救灾、扶贫等社会公益、道德义务性质的赠与合同或者经过公证的赠与合同，赠与人不交付赠与的财产的，受赠人可以要求交付”。婚姻家庭领域的协议常常涉及财产权属的条款，对于此类协议的订立、生效、撤销、变更等并不排斥合同编的适用。在没有办理过户手续前，依照赠与合同的有关法律规定，此类协议是可以撤销的。

我国不动产物权变动采用的是登记生效主义原则，根据《民法典》第 209 条第 1 款的规定："不动产物权的设立、变更、转让和消灭，经依法登记，发生效力；未经登记，不发生效力，但是法律另有规定的除外。"夫妻之间赠与房产亦属于依法律行为发生的不动产物权变动，应依照登记生效原则，确认房产转让的效力，以婚姻财产为由将赠与房产转让的效力排斥于物权编的调整范围之外，没有法定依据。因此，尚未办理房产过户手续的房产赠与，房产赠与人可以随时撤销赠与，人民法院对赠与房产一方离婚时主张撤销赠与合同的请求应予以支持。提请律师注意，针对审判实践中的此类争议，《民法典婚姻家庭编司法解释（一）》第 32 条再次对此争议问题进行重申，明确赠与合同规则适用于夫妻间赠与。

三、夫妻约定一方财产归对方所有或共有的适用条件

夫妻约定一方财产归对方所有或共有有以下 4 个适用条件。

1. 夫妻双方已经签订了房产赠与合同

虽用词为夫妻房产约定，但仅在该条司法解释所欲规制的情形下，法官还是将其识别为赠与合同。赠与合同既是双方当事人的赠与合意，也是设立赠与法律关系的债权依据。赠与人欲行使任意撤销权必须以该赠与合同有效为前提。如果没有签订有效的合同，或者合同尚未有效成立，就不存在行使该任意撤销权的合同基础。

2. 赠与的标的物是不动产

根据《民法典》物权编第 209 条、第 224 条的规定，如果赠与的是首饰等动产，根据《民法典》物权编动产交付的效力的相关规定，除法律另有规定的以外，动产的物权变动原则上以交付为生效要件。因此，只要交付了该动产标的物，就不能行使任意撤销权。根据《民法典》第 225 条的规定，船舶、航空器和机动车等的物权的设立、变更、转让和消灭，未经登记，不得对抗善意第三人。从体系解释的角度看，上述特殊动产的物权变动也是以交付为生效要件，登记仅是对抗要件。因此，对该类特殊动产，在已经交付的情况下，不应以未办理转移登记为由，支持赠与人的任意撤销权。必须注意的是，被最高人民法院界定为赠与的情形仅指当事人（男女双方）约定将一方个人所有的房产赠与另一方或约定为与另一方共有的情形，不包括其他案型。

3. 房产尚未进行物权转移登记或房产加名的变更登记

赠与人仍是该赠与房产的所有权人，双方之间仍存在债权请求权，没有履行不动产物权登记，没有发生物权转移的效力。这种房产作为夫妻双方共同居住使用，退一步讲，即使仅赠与合同的受赠人一人居住使用，即该受领方实际占有另一方的不动产，但因为未办理所有权转移登记或者“加名”的变更登记，应当认定为该赠与房产的物权权利尚未转移，赠与人依然可以行使任意撤销权，除非经过公证。

《民法典》第 659 条规定，赠与的财产依法需要办理登记或者其他手续的，应当办理有关手续，即夫妻赠与房产仍应遵循第 209 条、第 224 条的规定，履行动产、不动产不同的法定的物权变动手续。由于夫妻共同生活在一个屋檐下，该条规制情形下的房产实际上大多由夫妻双方共同管理和居住使用，甚至专门交由另一方出租打理。但是，法官裁判中严格的物债两分法的裁判思维决定了即使另一方一直合法占有使用该房产，也不能认定该房产的物权已经转移，此种情形下，赠与人仍可以行使任意撤销权。办理该房产过户登记后，该房产物权才合法转移给受赠人，同时赠与人的任意撤销权也归于消灭，但，赠与人仍享有法定撤销权，具体内容参见本书“夫妻间房产赠与的法定撤销权”专题。

4. 赠与人行使的是夫妻房产赠与合同的任意撤销权而非法定撤销权

行使该任意撤销权的依据是《民法典》第658条，条件是赠与房产的产权未发生转移，不适用经过公证的赠与合同或者依法不得撤销的具有救灾、扶贫、助残等公益、道德义务性质的赠与合同。而如何界定公益、道德义务性质的赠与合同也是司法实务中的难题。主流的裁判规则是道德义务性赠与，是指目的在于履行道德上的义务的赠与合同。道德上的义务主要以亲属关系、家庭关系或者先前给付为基础，如以酬谢（谢礼）为目的的赠与。此项义务须根据个案的具体情况而定，通常是以财产状况、生活状况以及赠与人与受赠人之间的身份关系加以确定。例如，某人虽未负担抚养义务仍对其亲属进行抚养（赠与）。[1]另外，若受赠人因履行照顾义务而受损过巨或陷入经济困境，则该赠与即为道德义务性赠与。[2]由此可知，若是单纯的婚前或婚内夫妻之间的

1. 杨代雄.袖珍民法典评注［M］.北京：中国民主法制出版社，2022：623.
2. Vgl. Staudinger/Tiziana J.Chiusi（2013），§534 Rn. 6-8.

赠与合同，而不涉及善良感情的帮扶、感恩等义务，则不属于道德义务性赠与；若夫妻双方于离婚协议中约定一方赠与另一方财产，此为双方离婚时综合考虑财产利益、子女抚养、夫妻感情等诸多因素的“一揽子”计划或总体的离婚清算协议，根据《民法典婚姻家庭编司法解释（一）》第 69 条第 2 款的规定，对男女双方具有法律拘束力，如无法定欺诈、胁迫情形，则不得撤销。而法定撤销权是《民法典》第 663 条基于法定事由。受赠人有下列情形之一的，赠与人可以撤销赠与：第一，严重侵害赠与人或者赠与人近亲属的合法权益；第二，对赠与人有抚养义务而不履行；第三，不履行赠与合同约定的义务。因此，只要具备前述三项法定事由，不论赠与合同是否经过公证证明、赠与的财产是否已交付或物权登记，也不论该赠与是否属于社会公益和道德义务性质，享有法定撤销权的主体均可以依法撤销赠与。在法律后果上该条也不同于行使任意撤销权的后果，即第 658 条是使生效的赠与合同从此失去效力，合同双方的权利义务解除，赠与物的所有权不变，受赠人的履行请求权也随之消灭。由于行使法定撤销权前，赠与物的权利往往已经发生转移，此时赠与人可以要求受赠人返还赠与的财产。

理论·实务

一、夫妻财产约定能否适用《民法典》关于民事法律行为效力瑕疵的一般规则

“身份的法律行为必须尊重本人的真实意思，所以原则上无意思即为无效。由此可以认为这里采取的是唯意思主义。”[1]《民法典婚姻家庭编解释（一）》第70条（原《婚姻法司法解释（二）》第9条第2款）规定夫妻离婚财产分割协议可以因为订立时存在欺诈、胁迫等情形而可变更（新解释删）或者可撤销。《婚姻法》及其司法解释未对夫妻财产约定的效力作出规定，对此，法官在实务中常类推适用原《婚姻法司法解释（二）》第9条第2款规定进行裁判。

在北京市第三中级人民法院审理的“吴某某诉施某某夫妻

1. 我妻荣，有泉亨.日本民法·亲属法［M］.远藤浩补订，夏玉芝，译.北京：工商出版社，1996：10.

财产约定纠纷案”中，法院类推适用原《婚姻法司法解释（二）》第9条第2款规定，夫妻离婚财产分割协议可以因为订立时存在欺诈、胁迫等情形而可变更（新解释删）或者可撤销。主审人员认为案涉夫妻财产约定协议书的合同目的应是维系夫妻感情，而施某某在签订该协议几个月后即起诉离婚，显然与签订该协议的目的相背离。协议中的财产分配对施某某更为有利，综合生活常识与经验规则，难以排除施某某签订协议的真实目的是在夫妻感情破裂时取得财产分割的优势地位，即施某某在签订协议时向吴某某隐瞒了其真实目的，存在欺诈的故意。其使吴某某误认为双方是为了维系感情而签订协议，使吴某某因错误而为意思表示。该欺诈行为已损害了吴某某的正当权益，可认定施某某在与吴某某签订夫妻财产约定协议书时存在欺诈行为，吴某某有权要求撤销夫妻财产约定协议书。[1]

离婚财产分割协议、夫妻财产约定等具有一定的特殊性。《民法典》第464第2款规定：“婚姻、收养、监护等有关身份关系的协议，适用有关该身份关系的法律规定；没有规定的，可以根据其性质参照适用本编规定。”最高人民法院认为，由于婚姻关

1. 邓青菁，郭莹.家事合同认定欺诈的角度和思路［J］.北京审判，2018（5）.

系的本质是一种身份关系，这种特定的身份关系伴随着法定的财产关系，但财产关系却是允许婚姻关系当事人通过约定加以改变的。这种“约定”即协议、合同，而且是关于财产权属问题的合同。当事人基于这种具有民事合同性质的协议发生纠纷的，应当适用《民法典》总则编、婚姻家庭编和合同编的基本原则和相关规定。存在法律规定的构成欺诈的特殊情形，当事人请求撤销相关协议的，人民法院应当依法予以支持。

但结合法官实体法、程序法视角分析裁判案件的作业规范，引用欺诈到夫妻财产约定类案件中是没有问题的，问题是欺诈的证明高度是否仍采《民事诉讼法司法解释》第109条超过普通民事诉讼的排除合理怀疑的证明标准，对此司法裁判尺度不一。

二、以登记结婚为条件的房屋赠与能否撤销（参考案例（2019）鄂民申336号）

魏某与张某于××××年××月××日签署的协议承诺书载明，魏某婚前购置案涉房屋，该房屋尚有银行贷款需要偿还，还款全部由魏某承担。张某现为魏某的女朋友，自魏某与张某正式合法登记结婚之后，魏某自愿将案涉房屋50%的产权划为张某名下所有，房屋按揭的银行贷款仍由魏某承担，张某不承担还款事宜等。签署协议当日，魏某与张某领取结婚证。案涉房屋未办理产权变更登记。2017 年 2 月 22 日，魏某起诉离婚，该案生效判决准予魏某与张某离婚，并判决案涉房屋归魏某所有，同时认定在该协议书（协议承诺书）未被确认为无效或被撤销的前提下，判决该房屋归魏某所有，并由魏某按评估价的 50% 对张某予以补偿。

律师实务要点

本案中提请律师注意的实务要点，即法官的裁判切入点有如下三点。

1. 关于案涉协议承诺书的效力

法官通常认为权利人为完全民事行为能力人，其作为案涉房屋的所有权人，依法对案涉房屋享有处分权。双方约定协议承诺书，约定在张某与其结婚后对案涉房屋的 50% 产权进行赠与系其真实意思表示，上述约定不违反法律禁止性规定和公序良俗，该赠与合法有效。故协议承诺书为有效的赠与合同，且该赠与合同系附条件的合同，魏某与张某登记结婚则条件成就，附条件的合同在条件成就时生效。

2. 关于赠与人能否行使任意撤销权的问题

法官通常会考虑约定的背景、结婚时间的长短、提起离婚方有无过错、有无以结婚骗房等动机并将其作为判断能否撤销的潜在因素。这实质上是类推适用了彩礼类案件的裁判规则。本案中权利人主张依据原《婚姻法司法解释（三）》第6条的规定撤销对受赠人配偶的赠与。法院从协议承诺书约定的内容看，赠与人的赠与行为系以登记结婚为前提条件的赠与，具有道德义务性质。尽管案涉房产未办理变更登记，但依据原《婚姻法司法解释（三）》第6条的规定，此种情形可按原《合同法》第186条处理。进一步递进适用该条第2款的规定，即归入具有道德义务性质的赠与而不能撤销。本案中将其归入具有救灾、扶贫等社会公益、道德义务性质的赠与合同或者经过公证的赠与合同，不适用任意撤销权。本案案情没有交代双方的婚龄和双方的过错情形，其实，这也是法官认定是否构成欺诈、是否排斥或适用任意撤销权等时心证的重要因素。

此外，交织判断的因素还有原《合同法》第192

条法定撤销权。该条规定："受赠人有下列情形之一的，赠与人可以撤销赠与：（一）严重侵害赠与人或者赠与人的近亲属；（二）对赠与人有扶养义务而不履行；（三）不履行赠与合同约定的义务。赠与人的撤销权，自知道或者应当知道撤销原因之日起一年内行使。"原《合同法》第195条规定："赠与人的经济状况显著恶化，严重影响其生产经营或者家庭生活的，可以不再履行赠与义务。"从旧诉讼标的理论出发，原《合同法》第192条、第195条以及第186条第1款均可以构成独立的诉讼标的，但考虑到婚姻家事诉讼的公益性等，法官通常会释明以及考量当事人陈述的案情是否首先构成第192条、第195条的情形，这两条是优先适用于第186条的。所以，律师需要注意适用法条的顺序。

另外，权利人是以诉的形式还是抗辩的形式提起赠与撤销权，主要涉及诉讼费的缴纳问题，实务中考虑婚姻家事案件的公益性，法官通常不会过分强调撤销赠与必须以诉讼的形式提起而忽视以抗辩的形式提出撤销。

3. 关于举证问题

本案中，权利人主张依据原《婚姻法司法解释

（三）》第 6 条以及原《合同法》第 192 条第 1、3 项的规定行使撤销权，还主张依据原《合同法》第 195 条的规定不再履行赠与义务，那么权利人应当提交相应的证据证明其与受赠人签订的协议承诺书存在可撤销以及可不再履行赠与义务的事由。但由于其举证不能，故其承担该案败诉的后果。

三、夫妻财产约定和离婚财产分割协议的结合

如约定婚前一方房产虽登记在男方名下，但夫妻双方在离婚协议中约定给予子女，离婚后男方反悔，要求撤销此夫妻财产约定时，如何适用法律？根据原《婚姻法》第 19 条的规定，此种离婚财产分割协议和夫妻财产约定相结合，不能因为其属男方个人婚前财产就偏重适用原《婚姻法司法解释（三）》第 6 条的规定，就可以单方破坏离婚协议。原《婚姻法司法解释（三）》第 6 条规定："婚前或者婚姻关系存续期间，当事人约定将一方所有的房产赠与另一方，赠与方在赠与房产变更登记之前撤销赠与，另一方请求判令继续履行的，人民法院可以按照合同法第

一百八十六条的规定处理。”如根据上述法律及司法解释的规定进行裁判，则男方定性为赠与人可以行使任意撤销权。

本案例应该优先适用原《婚姻法司法解释（二）》第8条。该条规定，离婚协议中关于财产分割的条款或者因离婚就财产分割达成的协议，对男女双方具有法律约束力。对协议离婚的财产分割，不宜认定为赠与、直接适用或者参照适用原《合同法》有关赠与的相关规定，而应以第8条为请求权基础和裁判依据。

《北京市高级人民法院关于审理婚姻纠纷案件若干疑难问题的参考意见（2016）》指出“离婚协议约定赠与之撤销权限制”：“夫妻双方离婚时协议约定将夫妻个人财产或共有财产赠与对方或第三人，离婚后交付或变更登记之前，一方依据《中华人民共和国合同法》第一百八十六条第一款的规定请求撤销赠与的，人民法院不予支持。”离婚协议中关于将房屋赠与子女，虽用语为“赠与”但其依附于双方婚姻关系的解除，带有身份关系性质，不能适用纯粹的合同编的普通赠与规则。

四、忠诚协议与夫妻财产约定叠加且构成夫妻财产约定的生效条件

从民事法律行为的角度看，夫妻财产约定可以附条件。学界肯定的观点认为，将夫妻一方出轨作为对其不利的财产变动生效要件，不违反原《婚姻法》第 4 条前段“夫妻应当互相忠实，互相尊重”的法价值导向，此类约定是对婚姻不忠实行为的规制，相关约定不违反法律，也不违背公序良俗。法院通常认为，忠诚协议约定青春损失费因违反公序良俗而不应得到法律支持。[1]而此类忠诚协议系以财产变动为核心内容，以婚姻不忠行为为生效要件，以维护婚姻忠实和婚姻关系稳定为根本目的，是以财产关系为核心内容的身份关系协议，并没有不当限制他人的结婚自由、离婚自由等人身自由。实务界有限肯定的观点认为，与忠诚协议中天价不利财产负担承诺（如一线城市的净身出户）不同，忠诚协议与夫妻财产约定叠加形成过错方财产放弃型承诺。与天价赔偿造成过错方客观上的履行不能不同，财产放弃型承诺是以放弃自有财产权作为损害赔偿的后果，不产生超限负担所致的履行不

1. 孙书灵，高魁，潘龙峰.夫妻忠诚协议的效力［J］.人民司法，2009（2）.

能，且该财产权利放弃承诺以过错方实施侵权为条件，对于双方而言均具有预见性，即一旦己方违背夫妻忠诚义务，则构成侵权，侵权责任将依据夫妻忠诚协议的责任负担承诺确定。故，财产放弃型承诺不产生公平与否之忧，法院无须对此进行调整。

最高人民法院一贯认为，夫妻之间签订忠诚协议，应由当事人本着诚信原则自觉自愿履行，法律并不禁止夫妻之间签订此类协议，但也不赋予此类协议强制执行力。如果法院受理此类忠诚协议纠纷，可能导致为了举证去捉奸，为获取证据窃听电话、私拆信件，甚至对个人隐私权更为恶劣的侵犯情形都可能发生，其负面效应不可低估。因此，从整体社会效应考虑，法院对夫妻之间的忠诚协议纠纷以不受理为宜。

五、夫妻财产约定为房产归子女所有（不构成离婚协议的情形）能否适用《民法典婚姻家庭编司法解释（一）》第 32 条

广州市中级人民法院审理的婚姻家事案件中，婚前协议第 4 条内容为："婚后双方继承或接受的赠予（与）归双方子女所有，如子女未成年，由男女双方或女方管理至子女 25 岁为止，由子女自行处理。男女双方在管理期间不能损害托管人利益。"对此

应理解为夫妻双方陈某、丘某甲在婚姻存续期间继承及受赠与的财产，由两人赠与给子女所有，包括夫妻共同继承、受赠与的财产及个人继承、受赠与的财产。

肯定的观点认为，根据原《婚姻法司法解释（三）》第6条的规定，婚前或者婚姻关系存续期间，当事人约定将一方所有的房产赠与另一方，赠与方在赠与房产变更登记之前撤销赠与，另一方请求判令继续履行的，人民法院可以按照合同法第186条的规定处理。该条系调整婚姻家庭法律关系的《婚姻法》及相关司法解释，赋予了当事人适用原《合同法》有关行使任意赠与撤销权的规定。

结合本案，上述约定并非陈某与丘某甲之间夫（或）妻的赠与约定，而是两人在婚姻关系存续期间就继承或接受赠与的财产再赠与给双方子女所有的约定，案涉的两套房屋为丘某甲受其父母赠与的财产，不是陈某与丘某甲之间互相赠与的财产，因主体不同不能适用上述条款。陈某与丘某甲婚后只生育女儿丘某乙（原告之一），现丘某乙要求按上述约定接受赠与并主张案涉两套房屋归其所有应予准许，丘某甲要求行使撤销权缺乏法律依据，不予接纳。陈某表示愿意与丘某甲共同负担房屋产权变更登记手续的费用，两人各负担50%应予准许。

否定的观点（二审法院观点）认为：首先，该约定并非丘某甲与陈某之间夫或妻的赠与约定，不能适用原《婚姻法司法解释（三）》第6条的规定。其次，原《合同法》第186条规定，赠与人在赠与财产的权利转移之前可以撤销赠与。具有救灾、扶贫等社会公益、道德义务性质的赠与合同或者经过公证的赠与合同，不适用前款规定。本案中，涉案2601房屋和078车位的产权均未作变更登记，权利尚未转移，因此丘某甲主张撤销赠与的理据充分，法院予以支持。

虽然该份约定很讨巧，故意将子女作为受赠主体，无法直接适用原《婚姻法司法解释（三）》第6条，容易使人陷入一种不能适用该条司法解释即不能适用原《合同法》任意撤销权相关规定的错误裁判思维路径。正确的裁判思维路径如下。

一是根据《民法典》第209条第1款的规定："不动产物权的设立、变更、转让和消灭，经依法登记，发生效力；未经登记，不发生效力，但是法律另有规定的除外。"夫妻之间赠与房产亦属于依法律行为发生的不动产物权变动，应依照登记生效原则，确认房产转让的效力。举重以明轻，以婚姻财产为由将赠与子女房产转让的效力置于物权编的调整范围之外，没有法律的明定，于法无据。

二是《民法典》第 464 条第 2 款规定："婚姻、收养、监护等有关身份关系的协议，适用有关该身份关系的法律规定；没有规定的，可以根据其性质参照适用本编规定。"该条改变了原《合同法》第 2 条第 2 款关于"婚姻、收养、监护等有关身份关系的协议，适用其他法律的规定"的原则，明确在没有相关身份关系的特别规定的情况下，可以根据协议性质参照适用《民法典》合同编规定。

三是《民法典》第 658 条规定："赠与人在赠与财产的权利转移之前可以撤销赠与。经过公证的赠与合同或者依法不得撤销的具有救灾、扶贫、助残等公益、道德义务性质的赠与合同，不适用前款规定。"该条并未将夫妻之间的赠与、夫妻对子女的赠与（非离婚协议）排除在外，为夫妻在赠与对方或子女房产（未过户前）对未经公证的赠与合同的任意撤销权提供了依据。

重点关注

请大家注意《民法典》实施后的裁判思维。关于此类合同的订立、生效、无效、可撤销的原则，仅仅靠《民法典》婚姻家庭编的规定是无法调整的。因此，人民法院在审理婚姻案件中涉及财产问题的协议时，还是要将《民法典》总则编和合同编的原则作为适用法律的依据，否则就会在一些问题上无所遵循。不过，婚姻关系中毕竟包含了身份关系，由此导致的纠纷也注定具有自身的特点。所以处理问题时，不能置身份关系于不顾，简单地全部适用其他法律规定。例如《民法典婚姻家庭编司法解释（一）》第70条对属于人民法院应当支持当事人请求撤销财产分割协议的情形，在明确列举的事项中并没有规定显失公平、重大误解等内容，就是基于婚姻家庭编区别于总则编民事法律行为这种考虑而设计的。[1]

1. 最高人民法院民事审判第一庭.最高人民法院民法典婚姻家庭编司法解释（一）理解与适用［M］.北京：人民法院出版社，2021：608.

贰 — 夫妻忠诚协议

拓展知识

夫妻忠诚协议的内涵、法律效力及司法解读

核心点

一、夫妻忠诚协议的内涵

夫妻忠诚协议并非法律术语，系指夫妻双方在婚前或婚后达成的，要求在婚姻关系存续期间双方应恪守忠诚义务，违反忠诚义务的一方须实施一定行为的约定。该“一定行为”即违背忠诚义务的法律后果，包括财产条款（金钱给付义务、财产权利放弃承诺）和非财产条款（行为限制承诺、人身权利放弃承诺）。结合法院实务，其内容分为两部分：第一，忠诚义务的承诺及不忠行为的类型化；第二，忠诚义务违反者应承担的法律后果。

二、夫妻忠诚协议法律性质的界定

法律行为的性质界定决定其请求权基础和法律适用，故对夫妻忠诚协议的法律性质有探讨的必要。在司法实务中，有的法院主张夫妻忠诚协议系合同行为，违反忠诚义务则产生违约效果［请参考平顶山市新华区人民法院（2018）新民初字第 395 号民事判决书］；有的法院主张违反忠诚义务系侵权行为，参照侵权精神损害赔偿处理［请参考金华市中级人民法院（2014）浙金民终第 723 号民事判决书］。侵权与违约，不同的民事行为决定了不同的责任承担、请求权基础，故研究其法律性质系法院审判的先决要义。关于夫妻忠诚协议的法律性质，主要有以下三种观点。

1. 债权合同

此观点认为夫妻忠诚协议系合同，以互负忠诚为权利义务内容，一方违背忠诚义务视为违约，以违约损害赔偿为请求权基础。例如 2003 年的我国夫妻忠诚协议第一案，即上海市闵行区人民法院判令违反忠诚协议的男方赔偿女方违约金 30 万元。[1] 该

1. 李明，彭峰.案例引发的关于夫妻忠诚协议的效力问题［EB/OL］.（2015-09-06）［2018-09-05］.

判决认可了夫妻忠诚协议债权合同的属性。但通说不采此观点，具体理由如下。

合同法意义上的合同应当限制解释为“债权合同”，原《合同法》第 2 条第 1 款所规定的“民事权利义务”是对《民法总则》“民事法律关系”的具体化，应限制解释为债权合同。[1] 夫妻忠诚协议虽以约定为表现形式，但以夫妻身份关系为基础，故不属于合同之债，不应为合同法所调整。况且原《合同法》第 2 条第 2 款明文排斥婚姻家庭关系适用合同法。马忆南教授提出，夫妻忠诚协议外观上符合我国现行民事规范上关于“合同”的含义，但由于涉及身份关系，并不由合同法来调整，如“夫妻财产约定”的法律依据为原《婚姻法》第 19 条，而非《合同法》关于合同的规定。依据原《婚姻法司法解释（一）》第 3 条，当事人（仅指无过错方）仅以原《婚姻法》第 4 条（一方违反夫妻忠实义务）为由提起诉讼的，人民法院不予受理；已经受理的，裁定驳回起诉。故，主张过错方承担不利财产后果的，应当以解除婚姻关系为前提，在离婚案由中可以与离婚诉讼一并提出，或者在离婚后以损害赔偿为由另行起诉。据此，在《民法典》施行之前，夫妻

1. 何晓航，何志.夫妻忠诚协议的法律思考［J].法律适用，2012（3）：55.

忠诚协议系离婚案由中无过错一方可能援引原《婚姻法》第46条的离婚损害赔偿的诉讼请求，而非独立的违约之诉，因为第46条系侵权之诉。

2. 身份协议

关于身份协议的定义，王泽鉴教授认为身份协议系以发生一定身份关系为目的者，其核心在于身份关系的产生、变更、解除，身份协议包括纯粹的身份协议和身份财产协议，纯粹的身份协议包括结婚、离婚等行为，典型的身份财产协议如夫妻财产约定。[1]持夫妻忠诚协议为身份协议观点的学者认为，夫妻忠诚协议系以维系婚姻关系为核心，以规范夫妻双方权利、义务为内容的身份协议，虽然不属于债权合同，但却符合身份协议的特征，应界定为身份协议。

通说认为，将夫妻忠诚协议解读为身份协议欠妥。理由如下：首先，《民法典》第1049条（原《婚姻法》第8条）规定，要求结婚的男女双方应当亲自到婚姻登记机关申请结婚登记。以结婚登记为前提，包括结婚和协议离婚（《民法典》第1076条）均是要式行为，即我国实行婚姻登记制度，未经登记不产生、消

1. 王泽鉴.债法原理［M］.2版.北京：北京大学出版社，2013：133.

灭婚姻关系（诉讼离婚是并行路径）。由于夫妻忠诚协议不能创设或解除婚姻关系，故其不属于纯粹的身份协议。其次，夫妻忠诚协议虽有财产内容，但夫妻忠诚协议中“不利的法律后果”还包括非财产后果，如行为自由的限制、人身权利放弃承诺、探视权的限制等。换言之，夫妻忠诚协议所含的内容系身份财产协议所不及，身份财产协议无法诠释夫妻忠诚协议的全部内涵，故也不宜采纳。

3. 侵权行为

王泽鉴教授认为，婚姻亦受《侵权行为法》保护，婚姻关系非系一种权利。持违背忠诚协议系侵权行为观点的学者认为，订立忠诚协议的夫或妻违背忠诚义务的，应当依据《精神损害赔偿司法解释》的规定，承担侵权精神损害赔偿。该观点所指的“侵权行为”，表面上是对不忠行为的认定，夫妻忠诚协议系不忠行为应负责任的书面化，实质仍系忠诚义务的违反，故夫妻忠诚协议本质上仍应界定为侵权行为。但司法实践对侵权行为说仍存在以下两点困惑。第一，依据原《侵权责任法》第2条第2款，“配偶权”暂未被我国侵权责任法确认，《民法典》也未对此予以规定，长江三角洲地区法院以上海市、江苏省的裁判为例，通说认为以配偶权为依据提起侵权损害赔偿诉讼的，不属于《民事诉讼法》第119条，即人民法院民事诉讼的受理范围。第二，我国侵权责任法尚无类似故意以背离善良风俗的方法，加损害于他人亦同等适用的规定，无法直接适用侵权的规定。

我国原《侵权责任法》的保护对象为民事权益，而非民事权利，且权益的范围广于权利。虽然原《侵权责任法》第2条第2款仅列举了18种典型权利，但并非意味着我国《侵权责任法》仅保护这18种权利。事实上，奠基于侵权责任法之上的《民法典》保护的范围非常广泛，包括各类民事权益，符合人身、财产权益的均为其保护对象，如死者名誉、胎儿利益等。维护婚姻家庭美德虽非法定权利，但根据《民法典》婚姻家庭编的立法价值、相关规定，值得肯定的是维护婚姻家庭美德属于民事权益，夫妻一方实施违背夫妻忠诚义务的行为侵害另一方的合法婚姻赋予的权益，构成侵权。因此，民事权益的广泛性决定了我国《侵权责任法》虽然没有故意以背离善良风俗的方法，加损害于他人亦同等适用的规定，但依然可以将违背忠诚义务所生的责任归入侵权责任。

原《婚姻法》第46条规定了两种严重有悖于忠诚义务的行为，同时依据原《婚姻法》第46条、原《婚姻法司法解释（一）》第28条的损害赔偿包括物质损害赔偿和精神损害赔偿，而涉及精神损害赔偿的，适用《精神损害赔偿司法解释》的有关规定。精神损害赔偿系侵权责任的专属责任，适用于一般侵权案件或者过错侵权案件，尤其是过错侵害人格权益和身份关系导致损害的。[1]因此，结合《精神损害赔偿司法解释》和原《婚姻法司法解释（一）》第28条的规定，违背婚姻忠诚的该两种行为系侵权行为，应承担侵权责任。在此情形下，夫妻忠诚协议是侵权方对应负侵权责任的承诺，从本质上亦应评价为侵权行为。

原《婚姻法》第46条由于存在封闭性，其适用范围较窄，仅肯定了两种较严重的不忠行为的法律可非难性，针对其他违背忠诚协议的行为，则留存空白，从而导致裁判不统一。同案不同判的根源在于法律适用不一致，甚至有法律适用的认识错误。原《婚姻法》第4条前半段规定夫妻应当互相忠实，但该条系倡导性规范，倡导性规范有别于任意性规范，其不具有裁判规范功能，仅具有行为指引作用。[2]为强化其不具有裁判性，原《婚姻法司法解释（一）》第3条专门规定，当事人仅以《婚姻法》第4条为依据提起诉讼的，法院不予受理。原《婚姻法》第4条系立

1. 张新宝.精神损害赔偿制度研究［M］.北京：法律出版社，2012：79.
2. 王轶.民法典的规范类型及其配置关系［J］.清华法学，2014（6）：60.

法者通过立法明确的倡导性条款，非公民必须遵守的法定义务，不产生法律上的归责性，故原《婚姻法》第 4 条不能也不应成为夫妻忠诚协议的独立请求权基础。

原《婚姻法》第 46 条所规定的离婚损害赔偿制度，是封闭性条款。将重婚、有配偶与他人同居列为法定的违背忠诚义务的过错行为，无过错方有权据此主张离婚损害赔偿。但第 46 条仅涵盖“重婚”“有配偶与他人同居”两项严重悖于夫妻忠诚义务的行为，缺乏兜底性。而不忠行为往往类型多元，第 46 条规定情形之外的违反婚姻忠诚协议的行为均不能适用离婚损害赔偿制度，这导致该条在实践中很少适用。非过错方不能通过离婚损害赔偿制度得到相应的补偿和救济，有失公平。为此，《民法典》第 1091 条完善了离婚损害赔偿制度，增加了离婚损害赔偿事实上的兜底条款。该条中的离婚损害赔偿责任不再拘泥于重婚、有配偶与他人同居这两种有悖婚姻忠诚的行径，人民法院应当根据具体案情，结合过错情节、伤害后果等因素，对违背夫妻忠诚协议的过错方是否存在重大过错进行认定。

裁判思维

一、夫妻忠诚协议是否属于法院受理范围

在婚姻忠诚协议纠纷案件中，一个前置性问题就是此类案件是否属于法院的受理范围？在审判过程中，很多当事人都会提出这样的质疑，夫妻一方出现不忠诚行为，本质上是家庭内部矛盾，属于对道德伦理的违反，并不具有违法性，法律不应涉足婚姻忠诚协议纠纷。

苏州市姑苏区人民法院（2018）苏0508民初5795号民事裁定书中张某与高某结婚后签订协议，约定“如因第三者插足引起离婚，则谁被发现谁须负全责，本人的全部财产归于对方”。后张某违反约定与第三人发生婚外情被高某发现，高某起诉离婚要求按照协议约定取得财产。法院认为，双方签订的协议系夫妻忠诚协议范畴，夫妻是否忠诚属于感情道德领域的事项，应当由当事人本着诚实信用的原则自觉遵守，高某要求张某履行忠诚协议

内容的约定不在人民法院受理民事诉讼的范围内。

有观点认为，《婚姻法司法解释（三）草案》中曾规定“夫妻一方以婚前或者婚后双方所签订的相互忠实、违反予以赔偿的财产性协议主张权利的，人民法院不予受理；已经受理的，裁定驳回起诉”，但最终颁布的司法解释删去了该条款。从不受理婚姻忠诚协议纠纷到对此不予规定的转变，是否可以得出最高人民法院的倾向性观点是受理。事实上，该观点的解读是不当的。从法官的角度分析，针对《民法典》之前该问题裁判不一的乱象，新近出版的最高人民法院《人民法院大讲堂——民法典重点问题解读》和《民法典婚姻家庭编司法解释（一）理解与适用》等权威解读正在统一司法尺度，即最高人民法院的态度是偏向于不受理婚姻忠诚协议纠纷，是一以贯之地延续以前的不予受理。如在《民法典》颁布后不久，最高人民法院主编的《人民法院大讲堂——民法典重点问题解读》一书第739页，特设专题讲解了该问题，现转引如下。

这个问题一直存在很多争议。当前倾向性观点认为忠诚协议是一种具有强烈感情色彩的身份协议，这种协议应当由当事人本着诚信原则自觉自愿履行，不应该赋予其强制执行力。这类纠纷现在越来越多，很多人在结婚之时就要求签订忠诚协议。忠诚协议约定一旦出轨，要赔偿一定费用或者净身出户。对于这种约定，《民法典》合同编规定有关婚姻、监护、收养的有关身份关系的协议，适用有关身份关系的法律，但是有关法律没有具体规定的时候，可以根据其性质参照适用合同编的规定。这是一个重大的改变，虽然它不是在婚姻家庭编中规定，它是在合同编中规定参照其性质适用合同编的规定。根据这条规定，有人会认定这种情况可以适用合同编的规定，在没有欺诈胁迫的情形下，完全行为能力人自愿订立此种协议，法院就可以予以支持。在司法实践中，有的法院认定忠诚协议有效，协议既然约定了净身出户，就应该严格遵守协议的约定。但更多法院认为对这种具有强烈感情色彩的人身协议不应该赋予强制执行力，而是由当事人自觉自愿履行。上海市高级人民法院在相关指导性意见中规定：对夫妻双方签有忠实协议，现一方仅以对方违反忠实协议为由，起诉要求对方履行协议或支付违约金及赔偿损失的，人民法院不予受理；除《民法典》第 1091 条规定的情形外，夫妻一方在离婚案件中以对方违反忠实协议或违背忠实义务为由，要求对方支付违约金或损害赔偿的，审理该案的人民法院不予处理。[1]

1. 最高人民法院政治部.人民法院大讲堂——民法典重点问题解读［M］.北京：人民法院出版社，2021：739.

二、最高人民法院的权威解读

当事人在不起诉离婚的情况下，单独以违反夫妻忠实义务起诉的，如诉请忠诚协议有效，因无具体权利义务内容，且无诉的利益，人民法院不应予以受理。该裁判规则源于《婚姻法司法解释（一）》第 3 条。对于夫妻违反忠实义务如重婚、婚内与他人同居等行为，根据《民法典》第 1091 条的规定，对方可以起诉离婚，该情形属于法定的离婚事由，并且无过错方可以请求离婚损害赔偿。对于婚外情、婚外性行为等其他违反夫妻忠实义务的情形，如果该行为导致夫妻感情确已破裂的，也可以根据《民法典》第 1079 条第 3 款第 5 项“其他导致夫妻感情破裂的情形”的规定判决离婚。同时，此次《民法典》编纂过程中对原《婚姻法》第 46 条关于离婚损害赔偿制度进行了修改，增加了“有其他重大过错”的兜底情形，对于有婚外情、婚外性行为等的夫妻一方，根据审理的实际情况，如果能够认定属于兜底的“重大过错”，则应当判决其承担离婚损害赔偿责任。此外，《民法典》第 1087 条关于离婚时夫妻共同财产的处理规则在原《婚姻法》第 39 条的基础上增加了照顾无过错方权益的原则，该条并不要求对方存在第 1091 条的“重大过错”，而违反夫妻忠实义务足以成就第 1087 条，故作为一般过错方，在分割夫妻共同财产时，也应对无过错方予以照顾。上述离婚损害赔偿制度、分割财产照顾无过错方制度等不同规定均起到了对违反夫妻忠实义务作为民事裁判的依据的作用，共同保障夫妻忠实义务立法目的的实现。

三、审判实践中应注意的问题

夫妻之间自愿签订的忠诚协议书应当如何处理？此问题是近年来司法实践中的重点和难点问题。比如下面这个案例。

曾某与贾某某是再婚夫妻，2016 年 6 月，夫妻二人签署了一份忠诚协议书。协议约定：双方应当互敬互爱，对家庭、配偶、子女要有道德感和责任感。若一方在婚姻期间由于道德品质的问题，出现背弃另一方的不道德行为，要赔偿对方名誉损失及精神损失费 30 万元。签订忠诚协议书一年后，曾某出轨并向法院提起离婚诉讼，贾某某以曾某违反忠诚协议书为由，诉请法院判令曾某支付赔偿金 30 万元。法院经审理认为，曾某与贾某某在自愿基础上订立的忠诚协议书有效，且曾某出轨事实清楚，已经违背了夫妻间关于彼此忠实的约定。对于夫妻间的忠诚协议书，由于没有违反法律规定，应予以认可。故判决曾某支付贾某某30万元赔偿金，其他夫妻共同财产按照法律规定予以分割。

近年来，以违反夫妻忠诚协议为由诉请支付违约金或者损害赔偿的案例并不鲜见，也引起了极大的争论。笔者归纳了以下几种观点。

第一种观点认为，这个案件本身说明我国公民的权益意识在增强，不仅关注社会生活中的权益，也密切关注自己在婚姻家庭领域的权益，这是社会进步的表现。夫妻双方签订“忠诚协议”并不违法，因为夫妻忠实本来就是法律规定的内容，属于法律的明确要求，协议双方等于把法定义务变成了明确具体的约定义务，法院应当予以认可。忠诚协议符合婚姻法的基本精神，是对法律关于“夫妻应当互相忠实”规定的具体化，也正是由于夫妻签订了具体的协议，使得法律上原则性的夫妻忠实义务具有了可诉性。虽然违反夫妻忠实义务尚未达到“重婚”“与他人同居”等严重程度的一方应当如何承担相应责任，现行法律未作具体规定，但是，法律也未明文禁止当事人自行约定，忠诚协议的约定与婚姻法的基本精神相吻合，约定的赔偿金属于违约赔偿性质，这种协议应当受到法律保护。

第二种观点认为，婚姻本身即契约，一方在背叛对方之前，必须考虑违约要付出的成本。只是在没有具体协议约束的情况下，双方承担的是道德义务，而对个人来说，道德成本是隐性的，是不确定的。一旦签订了协议，就将隐性的道德成本显性化了，当事人很可能会三思而后行。在这个意义上讲，忠诚协议对于维系婚姻稳定将起到积极作用。

第三种观点认为，原《婚姻法》和《民法典》婚姻家庭编规定“夫妻应当相互忠实”而非“必须忠实”，“应当”意在提倡，只有“必须”才是法定义务。法律允许夫妻对财产关系进行约定，但不允许通过协议设定人身关系。人身权是法定的，不能通过合同调整。

第四种观点认为，夫妻之间签订的忠诚协议虽不违法、无效，但这种协议应由当事人本着诚信原则自觉履行，法院不能赋予忠诚协议强制执行力。因为忠诚协议要获得法院赋予的强制执行力，必须经过一系列的查证举证程序，法院审理这类忠诚协议案件，必然会面临一定的举证困境和可能的社会负面影响，应当考虑赋予忠诚协议强制执行效力的巨大社会成本。[1]如果一项法律

1. 最高人民法院民事审判第一庭.最高人民法院民法典婚姻家庭编司法解释（一）理解与适用［M］.北京：人民法院出版社，2021：66.

设定而不执行，就会成为有名无实的法律。

《民法典婚姻家庭编司法解释（一）》第4条针对的是双方并未签订具体的所谓“忠诚协议”，其中一方仅就对方违反《民法典》第1043条规定而向法院提起诉讼的情形。对于双方签订忠诚协议的情况，在起诉离婚的情形下，该忠诚协议本身不能作为独立的请求权基础。如果忠诚协议的条件成就，即一方出轨，则需要衡量是否成就《民法典》第1091条，如成就该条文，则可以以离婚损害赔偿、财产分割照顾无过错方制度对过错方予以适用。如果一方出轨但不成就该第1091条条件的，则仅以第1087条照顾无过错方予以适用。

不宜以忠诚协议作为分割夫妻共同财产或确定子女抚养权归属的依据，但在离婚分割夫妻共同财产时，应综合考虑婚姻关系中各自的付出、过错方的过错程度和对婚姻破裂的消极影响，对无过错方酌情予以照顾，平衡双方利益，以裁判树立正确的价值导向。

因此，从整体社会效果考虑，法院对夫妻之间的忠诚协议纠纷以不受理为宜。另外，赋予忠诚协议法律强制力的后果之一，就是鼓励当事人在婚前签订一个可以“拴住”对方的忠诚协议，这不仅会加大婚姻成本，而且会使建立在双方情感和信任基础上的婚姻关系变质。从法律不保护婚约的情况看，当事人双方如果约定，一旦订婚必须结婚，否则违约方要支付若干违约金等此类主张，法院一般不会予以支持。同样的道理，忠诚协议实质上属于情感、道德范畴，当事人自觉自愿履行当然极好，违反忠诚协议一方心甘情愿净身出户或赔偿若干金钱，为自己的出轨行为付出经济上的代价。但是如果一方不愿履行，不应强迫其履行忠诚协议，就如同超过诉讼时效的债权债务，是否履行全凭债务人的自愿。[1]

1. 江必新.中华人民共和国民法典适用与实务讲座［M］.北京：人民法院出版社，2020：905.

叁　夫妻间房产赠与的法定撤销权

拓展知识

自由心证、程序与实体结合切分案件、婚外情的认定、法定撤销权的行使条件、诉请的设计

案例

惠某（男方）婚前由其父母出资全款为其购买房屋一套，登记在其个人名下。惠某与侯某（女方）于2012年5月9日登记结婚，婚后居住在该房屋内。2013年1月14日，惠某与侯某达成协议，约定将该房屋登记为双方共同共有。随后，双方到登记机构办理了该房屋所有权变更手续，该房屋登记在惠某、侯某双方名下，为共同共有。时隔不到半年，2013年7月4日，惠某与侯某再次协议，约定该房屋登记到侯某一人名下，产权归其单独所有。随后，双方又到登记机构办理该房屋所有权的第二次变更手续，该房屋登记在侯某个人名下，为其单独所有。至此，房屋权属已从男方单独所有的婚前财产变更为女方个人所有的单独财产。另外，2012年11月至2013年3月，侯某外出期间多次与同单位年轻异性开房。侯某对此予以承认，但不承认发生婚外性关系。2013年10月，惠某起诉至北京市朝阳区人民法院，诉请要求撤销其将案涉房屋变更至侯某名下及双方共同名下的行为，将案涉房屋权属登记恢复至其个人名下。侯某辩称对惠某所述其存在婚外情的事实不认可。婚后与惠某确实有过两次变更房屋权属的约定，第一次变更至双方名下，第二次变更至侯某个人名下。两次变更均系双方自愿，并无欺诈、胁迫或许诺附条件。现惠某以存在婚外情为由要求撤销两次房屋权属变更行为，无事实及法律依据，要求法院驳回惠某全部诉讼请求。

裁判思维

一审、二审法院不同的裁判思维路径

本案一审、二审法院对两次约定的性质界定及能否撤销，存在以下两种不同的裁判思维路径。

一、一审法院裁判思维路径

一审法院经审理认为：诉争房屋原系惠某婚前个人财产，惠某与侯某两次协议变更诉争房屋权属行为，从法律属性看应有所区别。第一次变更至夫妻共同名下，并未排除惠某本人对诉争房屋的所有权，故该行为应属夫妻财产约定属性，应受《民法典》第 1065 条（原《婚姻法》第 19 条）规范。第二次变更至侯某个人名下，系惠某将个人享有份额赠与侯某，自己不再享有诉争房屋所有权，该行为应属赠与行为，受合同法规范。

本案中，侯某虽否认其存在婚外情，但经查证，侯某确实存在与其他异性开房共居之事实，该行为与生活常理不符，惠某以此认为侯某存在婚外情并无不当。考虑诉争房屋系惠某父母为其出资购买，且惠某将个人享有的房屋份额赠与侯某系以双方维系健康婚姻关系为初衷，同时结合本案的具体情形，法院认为惠某依据《合同法》的规定，行使法定撤销权于法有据，故法院对惠某要求撤销惠某与侯某于 2013 年 7 月 4 日达成的关于诉争房屋权属变更登记行为的诉讼请求，予以支持。双方权属变更撤销后，诉争房屋应重新登记在惠某与侯某名下，为共同共有状态。至于惠某以侯某存在婚外情为由，依据《合同法》的规定，要求撤销双方于2013年1月14日达成的关于诉争房屋权属约定行为，无法律依据，法院对此不予支持。据此，一审法院于2014年5月判决如下：撤销惠某与侯某于2013年7月4日达成的关于诉争房屋权属变更登记行为，将该房屋恢复至惠某与侯某共同共有状态；驳回惠某的其他诉讼请求。

一审法院认为两次约定的性质有所区别，第一次约定属于婚姻法中的夫妻财产约定，第二次约定属于合同法中的赠与合同。基于前者的产权变更应适用婚姻法的规定，不得撤销；基于后者的产权变更应适用合同法的规定，赠与人可以行使法定撤销权予以撤销。

律师实务要点

第一，二审律师抓住案件法律行为的本质，强调夫妻财产约定实质上是本案对诉争房产的约定，案涉房产变更行为本质上系赠与行为。

第二，对于夫妻财产约定能否撤销，《婚姻法》没有明确规定，由此形成法律漏洞，可以援引《合同法》。

第三，强化全案构成原《合同法》第192条的法定撤销权。鉴于侯某与他人长期存在不正当男女关系，违背了夫妻忠诚义务，严重侵害惠某及其父母的感情，不仅给惠某造成了巨大的伤害，也严重伤害了其家人，惠某根据原《合同法》第 192 条的规定行使法定撤销权，于法有据。

第四，补充了欺诈侵权。侯某隐瞒与他人有婚外情的真相，诱使惠某将其婚前名下房产变更为共同所有，侯某的行为构成欺诈，惠某根据原《合同法》第 54 条的规定行使撤销权，于法有据；一审判决结果有违社会公平、公序良俗，将会造成恶劣的社会引导示范作用，有鼓励把婚姻当工具获取不当利益之嫌。

本案是形成权诉讼，原告行使形成权的依据到底是原《合同法》第 192 条法定撤销权还是其第 54 条欺诈可撤销合同，需要厘清。如果是普通民事案件，被告一定会抗辩原告到底是以哪个法条作为形成权的基础，法官也会释明原告在本案中行使特定形成权的具体法条。但考虑到本案是婚姻家事案件，鉴于我国不存在备位诉讼制度，所以明确其形成权基础、特定案件、特定形成诉讼的诉讼标的是法官推进审判的标准动作，其对律师的程序法作业和程序素养要求较高。结合本案分析，原《合同法》第 54 条的欺诈的证明标准是排除合理怀疑的证明标准，远高于普通民事案由的高度盖然性的证明标准；且双方在办理相应的诉争房屋的物权变动登记手续时，根据登记机构的登记规程，均须由登记官在登记时对双方进行现场询问，首问的便是该登记是否系双方当事人的真实意思表示（即排除欺诈等意思表示瑕疵），加之，其又是法定有权机构的依法（《物权法》）询问，所作文件是登记机构物权登记申请的公文书，该登记机构的询问文书不会记录“如一方出轨，该赠与合同即为无效的附条件的法律行为。”被告方若以其为证对原告的欺诈进行抗辩，该借助登记机构文件的抗辩足以阻却原告方的欺诈攻击。故，若以原《合同法》第 54 条为形成权依据，原告大概率会因选择路径错误而败诉。

二、二审法院裁判思维路径

考虑到欺诈的举证风险和排除合理怀疑的证明标准问题，二审法官的裁判思维路径为两次约定的性质均为赠与合同，赠与人可以依据原《合同法》第 192 条（现《民法典》第 663 条）行使法定撤销权，撤销全部赠与。

夫妻间赠与和普通赠与一样具有无偿性和单务性，而基于优遇赠与人和平衡赠与人及受赠人权利的价值取向，原《合同法》规定了赠与人享有任意撤销权，原《婚姻法司法解释（三）》第 6 条即援引此条解决了赠与人在赠与房产物权变动登记之前行使任意撤销权问题。《民法典婚姻家庭编司法解释（一）》第 32 条在前述第 6 条基础上进一步强化。从法律解释论的角度看，上述司法解释可以视作最高人民法院对《民法典》第 1065 条有关夫妻财产约定范围的限缩解释。基于对于“忘恩负义”的受赠人的惩戒，原《合同法》规定了法定撤销权。原《合同法》对于赠与人法定撤销权的行使既有撤销缘由的规定，又有权利行使的除斥期间的规定。法定撤销的后果是使原有的赠与合同丧失其效力，这有利于切实维护赠与人的利益和社会的公序良俗。

与原《合同法》第 2 条不同，《民法典》第 464 条第 2 款“婚姻、收养、监护等有关身份关系的协议，适用有关该身份关系的法律规定；没有规定的，可以根据其性质参照适用本编规定”的规定，改变了原《合同法》第 2 条第 2 款“婚姻、收养、监护等有关身份关系的协议，适用其他法律的规定”的原则，为《民法典》婚姻家庭编与合同编的有效衔接提供了明确的依据。但本案发生在《民法典》施行之前，在法无明文规定的前提下，为什么可以援引《合同法》第 192 条的法定撤销权予以裁判呢？其裁判思维路径如下：第一，如果婚内协议属于身份法特别规定的内容，则其效力认定遵循特别规定；第二，如果没有特别规定，那么考察该协议的“性质”是否属于当事人可以自治的范围；第三，如果性质可自治，进一步考察该婚内协议的自治法理，进而决定是适用合同法的效力判断规则，还是在解释上须确立例外的效力规则。

本案房屋所有权的两次转移无论基于夫妻婚内财产约定还是基于夫妻赠与合同，均与双方法定身份的设立、变更等无关（不是结婚、离婚等身份行为）；也不是支配的身份行为，如亲权的行使、婚姻的同意行为；而是附随的身份行为，是双方的合意和自由协商的结果，其效力不是来自法律的直接规定而是基于双方的合意和物权登记，实质上是从惠某个人所有的房产经过两次物权变动登记而成为侯某个人所有，根据《民法典婚姻家庭编司法解释（一）》第32条的规定，案涉情形的性质均是赠与，不具有任何设立身份关系的性质，当然，附随的身份行为也不同于基于公平的交易行为，但可以适用合同编的法定撤销权。

理论·实务

一、自由心证与法官心证

自由心证是当今各国普遍遵循的证据判断基本原则。法官在裁判时，基于审理中所出现的全部资料与情况，依据道德的判断形成心证进而认定主要事实的采证方法，称为自由心证。大陆法系尤为强调法院判决时，应斟酌全部辩论意旨及调查证据的结果，依自由心证判断事实的真伪，但另有规定者不在此限。得心证的理由，应记明于判决。此即明定采自由心证主义的原则，仅于例外情形始用法定证据主义。《德国民事诉讼法》第286条，《日本民事诉讼法》第186条，均采自由心证主义的原则。我国2001

年《民事证据规定》第64条规定："审判人员应当依照法定程序，全面、客观地审核证据，依据法律的规定，遵循法官职业道德，运用逻辑推理和日常生活经验，对证据有无证明力和证明力大小独立进行判断，并公开判断的理由和结果。"2015年《民事诉讼法司法解释》第105条规定："人民法院应当按照法定程序，全面、客观地审核证据，依照法律规定，运用逻辑推理和日常生活经验法则，对证据有无证明力和证明力大小进行判断，并公开判断的理由和结果。"最高人民法院原大法官杜万华认为，虽然该条表述得比较抽象和具有原则性，但是法官在审核和认定证据时务必严格遵循自由心证的原则。[1] 2019年年底颁布的《民事证据规定》第85条全部保留了2001年《民事证据规定》第64条的内容。

本案是法官适用自由心证的典范。在裁判逻辑的起点上，侯某是否严重侵犯惠某的合法权益是整个案件的基点。但惠某作为受害人呈现的证据材料仅是较多的不同酒店的开房信息，除此别无其他。侯某的开房信息一旦被认定为严重的婚外情，即构成

1. 杜万华.杜万华大法官民事商事审判实务演讲录［M］.北京：人民法院出版社，2016：391.

《合同法》第 192 条的法定撤销权的事由，则全案的实体结果（已赠与过户的诉争房产）就会发生根本性变化，而这也是一审法院回避此节争议事实并没有就此形成争议焦点、未交由双方充分争辩的原因，这导致法官对该节争议事实模糊处理、一笔带过、未适用自由心证进行判断，进而未认定为严重侵权、导致本案最终未能全部适用原《合同法》第 192 条法定撤销权。

所以，一审判决对原告实体不公正，这也是一审原告在二审上诉中特别强调一审实体不公正的原因。法官庭审中对证据评价和事实认定中的主观认识作用主要体现为两个递进的层次：第一个层次是就单个证据的真实性、可靠性及其推导待证事实的证明力作出认识上的评价判断，如本案中的单次开房信息；同时在此基础上，法官还需要综合对包含相互抵触因素的所有证据进行评价，在内心形成对整个案情事实的认定或判断，如本案中对开房信息可能推定出侯某婚外情，对此有无抵触信息。

第二个层次，法官的认识不仅由一个个客观存在的证据及其相互间的印证或抵消等综合作用所支撑，还必然地包含诉诸经验和直感而难以言说的所谓“浑然一体”的认识成分。正是基于有必要对这种认识成分予以正面承认，德国、日本等国的民事诉讼法明确规定把“辩论整体的旨趣”也作为法官进行事实认定的一种根据。在法官形成这种认识的过程中，所谓“良心、良知”或真挚性，以及尽量排除先入为主的偏见等主观的努力至此都具有了重大价值。可以说，在当事人主义的诉讼结构和判决占有重要位置的审判模式中，法官的主观认识作用及其自由心证不可否认，不可低估和被忽视，问题只在于如何将其引导到良性运行的轨道上并以种种制度安排来排除或制约可能出现的法官恣意性。[1]

律师实务要点

第一，法官在自由心证时要受到当事人处分权的制约，法官自由心证须围绕当事人的请求范围，不得随意变更或补充当事人的主张，不能超出当事人诉讼请求范围进行心证。律师要注意庭审中法官对本案争点事实进行准确归纳。事实说理的对象是争议事实，因此需要庭审中在事实查明的开头就对本案事实争点进行归纳。例如，本案中女方有无同其他同一年轻男性多次开房？存在开房的事实能否得出其没有婚外不当性关系的结论。

1. 王亚新，陈杭平，刘君博.中国民事诉讼法重点讲义［M］.2版.北京：高等教育出版社，2021：132.

很显然，由于一审代理律师没有坚持，导致一审法官没有将此节核心事实归纳为争议焦点，庭审中对该节事实没有进行聚焦。

第二，要在明确证明责任分配的基础上，根据待证事实所须达到的证明标准对证据和事实展开分析。前者需要根据《民事诉讼法司法解释》第 91 条，后者则需要根据《民事诉讼法司法解释》第 108 条、第 109 条和 2019 年《民事证据规定》第 86 条。要特别注意第 108 条第 2 款的规定，区别本证和反证应当达到的证明程度。本案中，考虑到“捉奸在床”的难度，法官实质上降低了原告的证明标准。

第三，要根据证据调查的程序性规范，对相关证据采纳与否作出解释。比如，如果本案存在取证不合法的情况，如潜入对方的隐私环境安装探头进行偷拍，则要对证据是否采纳作出解释；对于当事人应负文书提出义务却又拒绝提交证据的情形，应当对处理结果作出解释；对于鉴定人应出庭但未出庭、当事人应签署保证书但未签署之类的情形，也都应当作出相应的处理和说明。总之，只要属于相关证据调查规范涵盖的情形，都应当援引有关证据规定，对其处理结果在文书中进行说明。

第四，在涉及法定证据规则的情况下，要依照法定证据规则，对证据的采信和证明力的大小进行分析。比如，在涉及非法收集的证据、公文书的证明力、书证复制件的证明力、公证文书的证明力等问题时，法官要根据证据规定，对这些证据的取舍、证明力大小和认定等在文书中进行有针对性的说理。

第五，法官自由心证过程中必须给当事人提供平等的对抗制衡与对话协商的机会。比如，本案中要充分给予侯某陈述的机会，对其开房的合理性有无进行辩解，由其对自己有无婚外性关系进行澄清等，保障其程序正义。

第六，识别法官的自由心证有无恣意，需要检验其逻辑推理和经验法则。日本学者近藤完尔特别指出"自由心证并非自由裁量"，可谓意味深长。日本法学教授高桥宏志进一步解释：自由心证主义并非把事实认定工作全部交由法官自由地甚至恣意地加以判断。心证形成

（事实认定）必须具有能够让人信服的合理性，必须在判决理由部分明示心证形成的过程。由于自由心证主义要受经验法则、逻辑法则的内在制约，因此自由心证主义的核心在于拒绝法定证据主义，而不是强调自由。[1]运用逻辑推理和经验法则的要求，是自由心证客观原则的自然延伸。在传统民事庭审中，民事法官很少会有不经逻辑推理和经验法则的使用，仅凭一份直接证据就可定案的情形。

律师可以从以下几个方面对法官在自由心证中运用逻辑推理和经验法则来加以把握。

首先，经验法则是根据已知事实推导未知事实时能够作为前提的任何一般的知识、经验、常识准则、法则等。比如，婚外情行为一般比较隐秘，已婚人士的婚外情一般不会大张旗鼓。经验法则来自人类知识的总体，而在进行证据评价时对未知的具体探求又有无穷的变化，必须根据具体情况决定采用什么经验法则作为前

1. 高桥宏志.重点讲义民事诉讼法［M］.张卫平，许可，译.北京：法律出版社，2007：35.

提，因而在认定事实时可用的经验法则在数量上是无限的，此即经验法则的无限性。

其次，经验法则是从人们个别经验的积累中抽象、归纳出来的一般知识，其不能停留在个别人所特有的个别经验的水平上。经验法则应当是至少能获得相当一个范围内人们所普遍或共同承认的命题，因而具有一般性。

最后，经验法则往往不能采用如“只要A，必然B”的全称判断形式来加以陈述表达，在多数情况下，其只能是“如果A，则可能B”的与不同“盖然性”程度或概率有关的命题。各种经验法则的盖然性程度千差万别，从数学、自然科学的法则、医学或生物学知识一直到日常情理等只具有程度较低且易变之盖然性的命题。[1]

以本案为例，婚外情，尤其比较严重的会在离婚诉讼中承担较大的经济代价，比如分割财产时会惩罚过错方而照顾无过错

1. 王亚新，陈杭平，刘君博.中国民事诉讼法重点讲义［M].2版.北京：高等教育出版社，2021：134.

方，在孩子的抚养权方面，会优先考虑照顾无过错方等。在离婚纠纷中，有此行为者往往会处于不利地位，同时，婚外情行为又是极为私密的行为，受害方发现直接证据极其困难，这即是出轨类案件的经验法则。本案中，二审法官展示了自己运用经验法则的心证。法官在裁判文书中写道：关于第一个争议焦点，侯某是否存在严重侵害惠某的行为。惠某诉称侯某存在婚外情行为，严重侵害了其情感。对此，侯某不予认可，辩称其与贺某并无不正当男女关系，只是同宿一室，各居各床。法官认为，民事诉讼的证明标准应当达到高度盖然性的程度。审判人员应当依照法定程序，全面、客观地审核证据，依据法律的规定，遵循法官职业道德，运用逻辑推理和日常生活经验，对证据有无证明力和证明力大小独立进行判断，并公开判断的理由和结果。

就本案而言，诚如侯某所述，其与贺某同宿一室期间并无其他，生活中确不排除存在这种纯洁男女关系的可能性，但是，根据本案查明的事实，侯某与贺某原属同事关系，均为已婚青年男女，开房同居时间地点多在外地城市出差期间，且根据法院调取的开房记录及侯某的自认，双方存在长期、多次同宿一室的事实，根据逻辑推理和日常生活经验，惠某主张侯某存在婚外情行为的事实更加符合生活常识。此外，婚外情行为既为社会道德所谴责，在离婚纠纷中有此行为者往往会处于不利地位，同时，婚外情行为又是极为私密的行为。考虑到道德约束及离婚诉讼中的法律成本，涉事当事人往往会极力掩饰相关痕迹，受害方发现确切性接触证据是极其困难的。此种情况下，要求惠某提供确凿无疑的证据，显属过苛。综合以上情形，本院认为惠某提供证据的证明力已具有明显优势，足以证明其主张，本院依法予以采信。这是法官对侯某存在严重过错的出轨行为的认定。

婚姻以两性的忠贞不贰为基础和核心，无论从传统的家庭伦理还是从道德、法律角度出发，忠实义务不仅是对双方的约束，更是对婚姻的保障，也是全社会对家庭道德的底线要求。侯某存在出差期间与婚外异性长期、多次同宿一室的事实，虽称各住各床，但不能自证清白，其行为已触碰了婚姻底线，本院予以否定性评价。惠某将其父母出资购买的婚前房屋赠与侯某，显然具有追求美好婚姻生活的良好初衷。然侯某的行为无疑严重损害了夫妻间的互相信任，严重侵害了惠某的感情，必然给其造成精神痛苦。惠某以此主张侯某的行为给其造成严重精神侵害，本院予以采纳。这是法官对侯某严重侵害惠某合法权益的认定。

二、打通程序法与实体法的交织环节，展示法官切分案件的裁判思维

相比民法实体法请求权分析案件，法官的民事诉讼案例分析更加复杂、多维与动态，且呈现程序法与实体法交织的情形。实体请求权基础分析法是案件基本事实已经查明后适用请求权基础，即从法官的视角出发找到与案件最契合的请求权基础。它在训练法律人找法、分析其构成要件和法律解释的能力。而法官民事诉讼案例分析还须关注程序法、辩论原则与职权进行原则项下的重要问题。必须强调的是，辩论原则（事实和证据）和职权进行原则（程序流程控制）项下的内容是请求权基础分析法难以涵盖的。[1]

民法实体请求权分析案例的案情通常以客观、真实为出发点，事实的真伪问题并不列入实体法案例的考虑范畴。与此不同，民事诉讼中法官对案例的切分是对全案事实全覆盖，不仅包括当事人主张的事实（第一层：原告诉称、被告辩称），还包括法官在双方当事人事实和证据基础上认定的事实以及无须举证证

1. 任重.论中国民事诉讼的理论共识［J］.当代法学，2016（3）.

明的事实（第二层：经审理查明），以及需要考虑客观真实（第三层：虚假诉讼、错判、审判监督程序等）。当然，除此之外还存在事实真伪不明时的裁判问题（证明责任）。作为民事诉讼的主线，诉讼标的构成了民事诉讼案例分析的主轴。而在诉讼标的之外，法官还须针对案件的特殊情形考虑诉讼要件与证明责任。面对具体民事诉讼案例，我们可以采用“六步分析法”进行分析，即“锁定诉讼标的→确定构成要件要素（包括抗辩、再抗辩、再再抗辩）→识别特殊诉讼要件→事实主张与证据证明→证明责任（客观）→其他拓展问题”。[1]

本案的诉讼标的是形成权，核心法条是原《合同法》第192条。在锁定诉讼标的，并对诉讼标的直接指向的基础规范以及与其相关联的反对规范之构成要件要素进行解释和确定后，法官分析案件便进入事实主张和证据证明阶段，其目标是获得对第192条严重侵害原告赠与人合法权益的主张的心证。在此，需要切入行为意义的举证责任和结果意义的举证责任。根据罗森贝克（Rosenberg）的法规要件说，结果意义的举证责任应分配给原

1. 任重.论民事诉讼案例分析框架：案例教学与研究方法［J］.法治现代化研究，2020（1）.

告。在庭审中，该结果意义的举证责任首先投射给原告并以原告率先进行行为意义举证责任形式出现；若对方当事人看到自己不举证、无所作为则法官可能达到证明标准时，其必须提出反证，且只须将法官形成的临时心证拉回到真伪不明即可。如此循环往复，一直到达成最高的解明度为止，这就是主观举证责任在当事人双方之间来回转移的过程。在这个过程中，客观的举证责任成为督促双方展开多个回合攻防的指针，发挥的是推动诉讼程序向前推进的基本驱动作用。从法官发挥举证责任的客观和主观功能出发，可以说举证责任机理本身就构成了当事人主义诉讼结构的基本动力机制，而且具有促进庭审"发现真实"的功能。同时，法官的临时心证会根据原告举证、被告反证，以及法官是否达到证明标准而在原告与被告之间不断变换，证明的必要性会在双方当事人之间来回转换。

本案是从一个程序法的间接证据开房信息为起点和支点展开的，本案的特点是有一组女方与同一男同事的开房信息，量的积累达到质的变化，以此为支点提请法官依法运用自由心证，因此自由心证成为本案链接程序法与实体法的桥梁。在庭审过程中，通过提交多份开房信息等间接证据以及法庭双方将此归纳为争议焦点予以充分辩论，以保障被告方程序权利和法官对全辩论趣旨进行衡量（比如开庭时被告方神情躲避、无法合理解释、对法官的询问无法作出合理回答等），打通程序法与实体法交织环节的后果，即法官临时心证偏向于原告。

程序法上，此时应该再给侯某予以充分辩解的权利，给其将法官临时心证拉回到真伪不明的程序法保障。遗憾的是，侯某至既判力基准时结束都没有提举出有力的反证，法官心证当然形成，故本案惠某所诉形成权构成要件成就，法院依法改判其胜诉。如果本案只有一次开房信息，在穷尽了所有的证明手段后，案件的出轨事实可能依旧处于真伪不明时，此时结果意义的举证责任才满足了直接发挥作用的前提，存在结果意义的举证责任的启动问题，案件实体上会判决驳回原告的诉讼请求（原告败诉）。

本案中要解决实体要件事实（严重侵害惠某合法权益）的认定难点，必须打通实体法与程序法的交织环节，而律师提请法官依法运用自由心证则是打通的关键点。为保障自由心证的依法行使，诉讼中交由双方进行充分的攻防并对其予以程序保障也特别重要。同时，法官在自由心证过程中（认定要件事实成立与否本身即是程序和实体交织的问题）必须保持中立（又强调程序），不得对任何一方有歧视或偏袒；法官进行自由心证的全过程必须以当事人和社会公众看得见的方式予以公开（又是程序和实体的交织，更强调程序），这个过程既包括庭审心证公开，但主要是裁判文书的心证过程公开、心证结果公开以及对心证结果监督的公开（更强调程序）。

通过本案，律师可以熟练运用诉讼技能、证据规则，以本案开房信息为间接证据提请法官运用自由心证，打通程序法与实体法的交织环节，重视程序法，将程序公正放在第一位，这是高段位法律人的精进方向。

三、法定撤销权

赠与本是使受赠人取得利益的行为，如果受赠人对赠与人有加害行为或其他忘恩负义行为的，《民法典》第663条特赋予赠与人以法定撤销权，目的在于规制受赠人的“忘恩负义”行为，该权利系形成权。形成权的正当性存在于以下两个方面：一是当事人的约定，如合同法约定解除权；二是立法者的价值判断。赠与合同的法定撤销情形均系受赠人有违法行为或违反赠与合同约定的行为。法律赋予赠与人该法定权利，符合《民法典》秉持的公平和诚信原则，也有利于弘扬社会主义核心价值观，是法律对赠与人加以保护的重要内容。

1. 法定撤销权的构成要件

法定撤销权有如下三个构成要件。

（1）严重侵害赠与人或者赠与人近亲属的合法权益。首先，严重侵害合法权益是以民事裁判结果为论断的，而其行为是否构成犯罪、主观是否为故意在所不问。其次，“近亲属”不仅应根据《民法典》第 1045 条进行确定，还应根据与赠与人实际的亲密关系而定。最后，严重与否的判断应于个案中交由法官予以综合认定。实务中关于夫妻之间的赠与和父母与子女之间的赠与，其侵害情形也不同，前者多基于配偶的权益而生侵害，后者对基于法定抚养赡养而生侵害（要素后述）。

（2）对赠与人有扶养义务而不履行。其要点在于：一是受赠人对赠与人有扶养义务；二是受赠人对赠与人有扶养能力，而不履行对赠与人的扶养义务。如果受赠人没有扶养义务或者丧失了扶养能力，则不产生赠与人撤销赠与的权利。需要特别指出的是，这里的“扶养”应当作广义解释，不应当仅仅理解为《民法典》第 1059 条第 1 款规定的“夫妻有相互扶养的义务”等同辈之间的照顾义务，也包括对长辈的“赡养”以及对晚辈的“抚养”等照顾义务。

（3）受赠人不履行赠与合同约定的义务。其要点在于：一是赠与合同约定了受赠人负有一定的义务；二是赠与人已将赠与的财产交付于受赠人；三是受赠人不履行赠与合同约定的义务。在附义务的赠与中，受赠人应当依约定履行其所负义务。在赠与人向受赠人交付了赠与的财产后，如果受赠人不依约履行其义务，则赠与人可以撤销赠与。

2. 法定撤销权的行使方式和除斥期间

根据行使方式的不同，形成权有单纯形成权（einfaches Gestaltungsrecht）与形成诉权（Gestaltungsklagerecht）之别。若仅依一方意思表示即可行使，为单纯形成权，如追认权、解除权；若须以向法院起诉的方式行使，则为形成诉权，其旨在约束权利行使行为，同时避免形成行为效力的不确定性。我国实证法上的债权人撤销权，如《民法典》第 538 条、第 539 条基本都是形成诉权，而《民法典》第 663 条则似乎是单纯形成权，可能是考虑当事人便于行使。考虑到本案赠与的标的物不动产既价值高昂又需要进行物权恢复变动登记，实务中双方利益冲突巨大，几乎无法以单方通知的形式行使该形成权并予以过户登记。故从救济的实效上讲，宜将其归入形成诉权。实务中，当事人以形成诉权的方式行使，也有利于撤销权诉讼中胜诉当事人取得执行依据。

另外需要说明的是，赠与人行使法定撤销权，应当将其撤销赠与的意思表示通知受赠人。撤销赠与的意思表示既可以是明示的，也可以是默示的。例如，赠与人没有明确说明撤销赠与，而是向受赠人索要已经交付的赠与财产，即属于默示的意思表示。赠与人没有将其撤销赠与的意思表示通知受赠人的，不发生撤销赠与的法律效力。但实务中，鉴于不动产变动需要办理物权登记，不似动产撤销赠与简单，基本都是赠与人将撤销赠与的意思表示以起诉状的方式交由法院送达给被告作为通知受赠人，即将本条的应然层面的单纯形成权以实然层面的形成诉权的方式予以行使。需要重视的是，该条形成权还受制于除斥期间的规定。赠与人行使撤销权的期间为 1 年。自知道或者应当知道撤销原因之日起计算。这一期间属于除斥期间，即法律对某种权利所预定的行使期间，不存在中止、中断和延长的问题。撤销权人如在法律规定的期间内不行使撤销权，其撤销权归于消灭。当然，依据《民法典》第 152 条第 2 款的规定，当事人自民事法律行为发生之日起 5 年内没有行使撤销权的，撤销权消灭。因此，赠与人的法定撤销权应受该 5 年期间的限制。

律师实务要点

与诉讼时效届满行使抗辩权不同，除斥期间届满，该形成权等实体权利消灭。由于除斥期间消灭的是实体权利，所以在诉讼中，它不是以抗辩权的形式行使，而属于法院主动依职权审查的范畴。关于《民法典》第152条适用中的举证责任问题，该条规定了当事人的撤销权除斥期间，其表述方式为“有下列情形之一的，撤销权消灭……”，从这一表述方式看，第152条是权利消灭规范。根据罗森贝克的证明责任分配理论，主张权利存在的人应就权利产生的法律要件事实举证；否认权利存在的人应对妨碍该权利的法律要件事实举证；主张权利消灭的人应对权利已经消灭的法律要件事实举证。有观点认为，撤销权消灭证明责任应当分配给相对人。[1]《德国民法典》的立法者在立法之初就考虑到证明责任分配的问题，在条文上按照其意欲实现的责任分配方式进行表述。鉴于此，在确认《民法典》第152条的证明

1. 杜万华.中华人民共和国民法总则实务指南［M］.北京：中国法制出版社，2017：591.

责任分配时，律师应当在探寻我国立法意图的基础上对该条进行解释，确立法律条文的性质后，对文义进行适当的转写。[1]

《民法典》立法者规定撤销权的除斥期间，是为撤销权的行使设置限制因素，以平衡双方利益，维护相对人信赖和社会秩序。该条规定了三种除斥期间起算点：第一种是知道或者应当知道撤销事由之日；第二种是胁迫行为终止之日；第三种是法律行为发生之日。这三种起算点中，法律行为发生之日根据表面证据便可直接确定，较为容易。

在司法实践中，对于因欺诈、重大误解等情形产生的撤销权，法官也是先将“法律行为发生之日”作为除斥期间起算点，即法官认为“法律行为发生之日”就应该是撤销权人“知道或者应当知道”的时间，除非撤销权人提出证据证明其在法律行为发生之后的某个时间才知道（此处讨论的是，以法律行为发生之日为起算点，

1. 汉斯·普维庭.现代证明责任问题［M］吴越，译.北京：法律出版社，2000：484-486.

起诉时已经超过除斥期间的情形）。对于因胁迫产生的撤销权，胁迫系持续状态，法官在判断撤销权是否产生时，已经对胁迫的存续期间有预判，如果按照预判的胁迫行为终止之日至起诉时尚未超过1年，不存在证明责任分配的问题；如果超过1年，撤销权人欲行使对其有利的撤销权，须证明其主张的“胁迫行为终止之日”的真实性。从立法目的和司法实践加以判断，该条的应然表述方式是“当事人可以行使撤销权，如果自当事人知道或者应当知道撤销事由之日起不超过1年，重大误解的当事人自知道或者应当知道撤销事由之日起不超过90日；受胁迫当事人自胁迫行为终止之日不超过1年。当事人自民事法律行为发生之日起不超过5年”。因此，主流观点是关于除斥期间是否届满的证明责任应该分配给撤销权人。[1]

关于案由，由于不明原因，在四级案由中没有赠与合同法定撤销权的案由，这导致法院在立案时，可能只

1. 褚艳阳.《民法总则》中除斥期间届满证明责任该如何分配［EB/OL］.（2020-11-27）.

能列三级案由赠与合同纠纷，但提请律师注意，本案由形成权的基础法条是《民法典》第663条。

四、法定撤销权与任意撤销权的比较

法定撤销权与任意撤销权的关系如下。

1. 二者的法律依据不同

任意撤销权的依据是《民法典》第658条，而法定撤销权的依据则是《民法典》第663条第1款。如果赠与人就赠与房产行使任意撤销权，还应当适用《民法典》第209条有关不动产登记的规定。

2. 二者适用的条件不同

行使任意撤销权的条件包括：第一，赠与房产合同尚未履行，赠与房屋的物权尚未发生转移；第二，赠与合同不具有公益、道德义务的性质；第三，赠与合同尚未经过公证。具备上述条件的，赠与人方可行使任意撤销权。

法定撤销权是基于法定情形，由赠与人行使的撤销赠与的权利。行使该项权利的要件是，无论赠与合同是否已经履行，受赠人只要符合下列一种法定情形即可行使撤销权：第一，严重侵害赠与人或者赠与人近亲属的合法权益；第二，对赠与人有抚养义务而不履行；第三，不履行赠与合同约定的义务。只要具备前述三项情形，无论赠与合同是否经过公证，赠与的财产是否已交付，也无论赠与是否具有公益和道德义务性质，法定撤销权人均可以依法撤销赠与。从这两种撤销权的条件可以看出，在房产未过户但又具备《民法典》第663条的情形时，享有法定撤销权的赠与人可同时享有任意撤销权；但享有任意撤销权的赠与人（在缺乏法定事由时）通常不享有法定撤销权。

3. 二者撤销赠与的法律后果不同

行使任意撤销权的后果是，生效的房产赠与合同从此失去债权效力（未过户，不存在物权效力），合同双方债权性的权利义务解除，赠与物（房产）的所有权不变，受赠人的债权性履行请求权也随之消灭。而行使法定撤销权的后果是，不仅尚未履行的赠与合同不再履行，而且已经履行的赠与合同也溯及地失效。鉴于赠与合同作为原因行为无效且我国不采德国等大陆法系国家的物权无因性，赠与人可以对受赠人主张所有物返还请求权（物权存在，即房屋还在受赠人名下）而不是不当得利请求权。而在赠与房产已经被受赠人处分且第三人构成善意取得的情形下，赠与人只能请求不当得利返还请求权。

4. 二者可能构成竞合

法定撤销权与任意撤销权可能存在竞合。在赠与的财产权利转移前，既符合《民法典》第 663 条构成要件也符合《民法典》第 658 条构成要件的，赠与人可以任选一种撤销权行使。实务中，赠与人为了强化自己的胜诉概率，在诉状中通常都将二者写入自己的诉状。这就引出了形成诉讼的诉讼标的的识别问题。

五、形成之诉的诉讼标的和诉请

《民法典》第 663 条赠与案由纠纷尤其是房产赠与案通常发生在父母子女之间或夫妻之间，是婚姻家事类案由，不是普通民事案由。为了案结事了，法官通常会行使释明权或者在诉讼标的的识别上不宜固守旧诉讼标的学说。法官通常宜将权利人申请撤销权的诉的声明整体作为一个诉讼标的，而不是将一个撤销权法条如第 658 条或第 663 条分别识别为两个诉讼标的或将诉讼标的识别为第 663 条中的某一个法定事由。

在诉讼请求方面，考虑到审执衔接和充分救济权利人，通常法官也会释明原告仅诉请撤销赠与合同是不够的，还需要叠加一个被告协助原告办理诉争房屋产权变更登记手续，即变更登记至原告名下的给付之诉。当然，鉴于权利人、义务人之间身份关系的不同，如是夫妻关系，不会发生契税等大额过户费用的问题；若是父母子女关系，则涉及过户缴纳契税等大额费用的问题，这也需要在诉请中提出。

六、重大婚姻过错行为构成《民法典》第663条法定撤销权事由

若房产受赠人在接受赠与后存在《民法典》第1091条离婚损害赔偿情形，如重婚、与他人同居、实施家庭暴力、虐待、遗弃或有其他重大过错，则此时赠与人可援引《民法典》第663条第1项事由行使赠与合同的法定撤销权。这种援引适用的正当性如下。

第一，身份协议以及与身份相关的财产协议应优先适用家庭法，家庭法未设明文规定的，可参照合同法或法律行为制度的一般原理予以处理。基于婚姻的赠与和普通赠与均系无偿行为，且法定撤销权的规定系建立在赠与的道德性和互惠性的基础上的，故对夫妻间基于婚姻的赠与同样适用。[1]

1. 田韶华.夫妻间赠与的若干法律问题［J］.法学，2014（2）：80.

第二，受赠人的重大婚姻过错完全可以被赠与人法定撤销权的构成要件覆盖。重大婚姻过错或"严重违反婚姻义务"[1]，本身就属于"严重侵害赠与人或者赠与人近亲属的合法权益"的行为。在德国，夫妻一方严重的婚姻过错构成重大忘恩行为。[2]我国审判实务中也有判决将受赠人违反夫妻忠实义务的行为认定为严重侵害赠与人的行为。[3]实务中，赠与方在受赠方存在重大婚姻过错场合可行使法定撤销权，亦为最高人民院所肯定。[4]

第三，有疑义的是受赠人一方偶尔出轨是否构成《民法典》第663条第1项中的"严重侵害赠与人的合法权益"。这实质上是一个自由心证与自由裁量相结合的个案判断问题，笔者从法官裁判的角度给律师提供一些思路。自由心证方面，这涉及出轨的程度，即涉案是只有一次的出轨还是过错方被抓住了至少一次出轨；自由裁量方面，是仅从受害人的角度感知其合法权益被侵害的程度，还是站在一个通常人的角度去感知。需要结合考虑的因素有：赠与房屋的价值、赠与房屋和出轨时间的间隔；出轨的对

1. 赵玉.司法视域下夫妻财产制的价值转向［J］.中国法学，2016（1）：220.
2. 迪特尔·施瓦布.德国家庭法［M］.王葆莳，译.北京：法律出版社，2010：111.
3. 北京市第三中级人民法院民事判决书，（2014）三中民终字第10860号。
4. 最高人民法院民事审判第一庭.最高人民法院婚姻法司法解释（三）理解与适用［M］.北京：人民法院出版社，2015：27.

象是否是熟人、同事、好友，出轨对家庭的“杀伤力”方面；无过错方是否原谅以及过错方是否悔悟，双方有无和好的可能；在庭审中面对法官审查时，过错方有悔过自新的态度还是不诚信、不认错。其他需考虑的因素有：案涉房产虽登记在孩子名下但其是赠与人父母全资出资购买的，庭审中该方父母出庭、出庭中的情绪，以及信访等。

以本案为例，出轨方负面的权重如下。

（1）出轨次数多。

（2）庭审中在本案大量的开房信息面前，面对法官的询问，出轨方仍矢口否认，坚称没有任何出轨，这给法官形成不诚信的减分项。

（3）该房屋价值高昂，不是无过错方的个人财产，实质是其父母的巨大财力投入。

（4）父母潜在信访因素，如本案一审判决双方各享有房产的一半所有权，也会使得过错方能从短暂的婚姻中不当获利数百万元，正义失衡。

（5）双方无和好的可能，男方先诉撤销权拿回房产是为了下一步方便离婚，如先诉离婚后再诉本案撤销权，会为双方已没有夫妻关系下的房屋移转登记支付数十万元契税。

（6）评估一下女方，实体上判其全部败诉，对其没有什么实质损失。

本案表面是夫妻二人的房子问题，法官实质叠加考虑的是上述各个因素，法官的日常生活经验越丰富，对审理案件就越有帮助。

肆 — 所有权确认——房产加名

拓展知识

婚姻法与物权法的冲突和协调，司法实务物权确权、不得确权的情形

案例[1]

案例事实（见图 4-1）和理由如下。

（1）上诉人姜某某与被上诉人何某某现有两套产权房，一套为上海市闵行区 ×× 路 ×× 号 ×× 花园 ×× 号 ×× 室（以下简称“系争房屋”），另一套为上海市宝山区 ×× 路 ×× 弄 ×× 号 ×× 室（以下简称“阳曲路房屋”），两套房屋价值基本相等。夫妻双方在购买阳曲路房屋时作了约定，阳曲路房屋产权归被上诉人何某某及儿子姜甲、女儿姜乙三人所有，本案系争房屋归上诉人姜某某及姜乙所有，双方按照口头约定分别登记产权，两人分居后十余年相安无事。

1. （2016）沪01民终12045号民事判决书。

（2）被上诉人何某某于2016年5月6日申请按份共有阳曲路房屋产权份额，上诉人姜乙占30%，少得3.33%；儿子姜甲占60%，多得近一半；被上诉人何某某占10%，少得更多，被上诉人何某某变更阳曲路房屋产权份额的行为发生在起诉上诉人姜某某诉讼之时，存在谋划财产的故意。

（3）上诉人姜乙无民事行为能力，也无工作及收入，其原本在系争房屋中享有50%的产权份额，现因一审判决被上诉人何某某加入，少拿18%左右的产权份额，两套房屋相加少得份额约21%。根据目前的房价，上诉人姜乙的损失在100万元左右，上诉人姜乙的财产权益受到侵犯。

（4）一审判决致使两上诉人无法回到系争房屋居住，矛盾激化。被上诉人何某某要求加名的目的就是让儿子姜甲及其媳妇强占房屋，因此上诉人姜某某要求保持居住现状，等到姜某某与何某某一并析产分割。

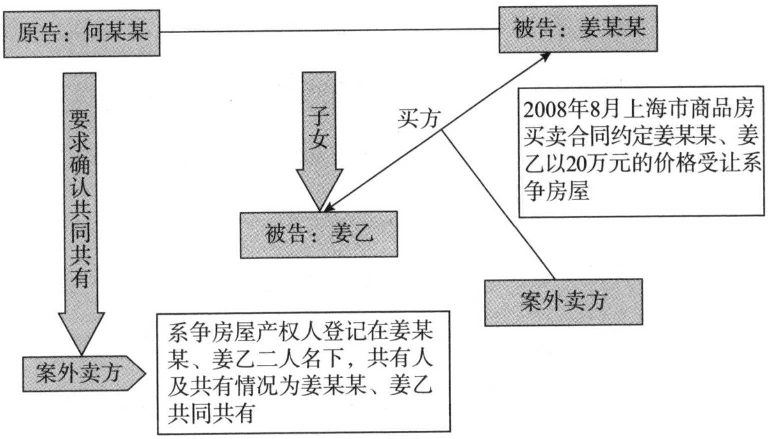

图 4–1　案情简介图

被上诉人何某某辩称理由如下。

（1）上诉人姜某某称其与被上诉人何某某私下达成口头协议约定两套房屋产权归属，则应由上诉人姜某某举证证明，被上诉人不予认可，因上诉人姜某某没有证据证明，因此应承担举证不能的法律后果。

（2）阳曲路房屋与本案无关联性，两上诉人的居住问题也与本案确权无关。

（3）系争房屋登记为上诉人姜某某与姜乙共有，因此被上诉人何某某作为夫妻共同财产权利人可以要求确权加名，加名后仍与上诉人姜乙形成共有关系，没有侵犯上诉人姜乙的任何权利。

何某某向一审法院起诉请求以下权利。

（1）判令上海市闵行区××路××号××花园××号××室产权归何某某、姜某某、姜乙共同所有。

（2）判令姜某某、姜乙自判决生效之日起15日内配合办理系争房屋产权更名手续并承担相应的税费。

一审法院认为，因物权的归属、内容发生争议的，利害关系人可以请求确认权利。根据原《婚姻法》第17条的规定，该房屋于何某某与姜某某婚姻关系存续期间取得，在无证据证明姜某某所取得的房屋权利源于其个人财产，或该二人事先对财产性质作出明确约定的情况下，应推定为夫妻共同共有。同时何某某、姜某某、姜乙三人之间具有父母子女的身份关系，该房屋亦属家庭共有财产性质，何某某亦享有共有人的权利，并不因之前未作显名登记而丧失该项权利，现其主张要求确认讼争房屋由何某某、姜某某、姜乙三人共有及作相应产权变更登记等诉请与实际权利状况一致，于法有据，法院予以支持。办理房屋产权变更登记手续属于何某某与姜某某二人的夫妻共同事务，由此所产生的相关税费等费用，应由何某某与姜某某共同负担。姜乙与本案讼争的联结点仅为其产权共有人的身份，本案中与其他当事人之间尚未形成实质财产争议，无须承担这些费用。据此，法院一审判决如下。

（1）确认现登记于姜某某、姜乙名下，位于上海市闵行区××路××号××花园××号××室房屋的所有权由何某某、姜某某、姜乙共同共有。

（2）姜某某、姜乙于判决生效之日起15日内协助何某某将上海市闵行区××路××号××花园××号××室房屋的产权登记至何某某、姜某某、姜乙名下，过户期间所发生的税费及相关手续费用由何某某、姜某某共同负担。

姜某某、姜乙不服继而提起上诉，请求撤销原判，依法改判。他们二人上诉理由如下。

（1）上诉人姜某某与被上诉人何某某现有两套产权房，一套为系争房屋，另一套阳曲路房屋，两套房屋价值基本相等。夫妻双方在购买阳曲路房屋时作了约定，阳曲路房屋产权归被上诉人何某某及儿子姜甲、女儿姜乙三人所有，本案系争房屋归上诉人姜某某及姜乙所有，双方按照口头约定分别登记产权，两人分居十余年相安无事。

（2）被上诉人何某某于2016年5月6日申请按份共有阳曲路房屋产权份额，被上诉人何某某变更阳曲路房屋产权份额的行为发生在起诉上诉人姜某某诉讼之时，存在谋取财产的故意。

（3）上诉人姜乙无民事行为能力，也无工作及收入，其原本在系争房屋中享有 50% 的产权份额，现因一审判决被上诉人何某某加入，少拿 18% 左右的产权份额，侵犯了上诉人姜乙的财产权益。

（4）一审判决致使两上诉人无法回到系争房屋居住，激化矛盾。上诉人姜某某要求保持居住现状，等到姜某某与何某某一并析产分割。

被上诉人主张驳回上诉，维持原判。其理由如下。

（1）上诉人姜某某称其与被上诉人何某某私下达成口头协议约定两套房屋产权归属，则应由上诉人姜某某举证证明，被上诉人不予认可，因上诉人姜某某没有证据证明，因此应承担举证不能的法律后果。

（2）阳曲路房屋与本案无关联性，两上诉人的居住问题也与本案确权无关。

（3）系争房屋登记为上诉人姜某某与姜乙共有，因此被上诉人何某某作为夫妻共同财产权利人可以要求确权加名，加名后仍与上诉人姜乙形成共有关系，没有侵犯上诉人姜乙的任何权利。

二审法院认为本案二审争议焦点如下。

（1）系争房屋的产权登记为两上诉人所有是否经过上诉人姜某某与被上诉人何某某的口头协商约定。

（2）在被上诉人何某某与上诉人姜某某为夫妻关系前提下，被上诉人何某某是否可以主张其对系争房屋享有的夫妻共同财产权利。

二审法院认为，上诉人姜某某与被上诉人何某某系夫妻关系，上诉人姜乙系两人的女儿，因此在购买系争房屋时两上诉人作为购买人及登记产权人基于上述特定身份关系。在本案中，上诉人姜某某并没有提交证据证明系争房屋系其个人财产，根据原《婚姻法》的规定，夫妻在婚姻关系存续期间购买的系争房屋，归夫妻共同所有。据此，系争房屋产权人登记为上诉人姜某某与姜乙，并不妨碍被上诉人何某某作为姜某某妻子要求在系争房屋中加名的权利。上诉人姜某某要求在夫妻关系存续期间保持现状的上诉意见，本院不予采纳。

关于上诉人姜某某在本案中称其与被上诉人何某某对系争房屋的权利登记曾作出口头约定，并以阳曲路房屋权利登记情况加以佐证，以此抗辩被上诉人何某某无权要求加名。对此，被上诉人予以否认，上诉人姜某某、姜乙在本案中也没有进一步提交证据加以证明，故上诉人姜某某表述其与被上诉人何某某之间对两套房屋的产权登记存在口头约定，二审法院认为难以采信。

此外，一审判决被上诉人何某某为系争房屋的共同共有人，仍与上诉人姜某某、姜乙之间形成共同共有关系，并未对三人的产权份额作出分割认定，故不存在对上诉人姜乙的权利侵害的结果。两上诉人的该项上诉意见，二审法院亦不予采纳。两上诉人提出的一审判决导致两人无法居住系争房屋的问题，二审法院亦认为，该项上诉内容不属于本案审理范围，故不作审理认定。根据以上理由，二审法院作出驳回上诉、维持原判的判决。

核心点

一、我国不动产登记的法律性质

不动产登记又称不动产物权登记，是权利人申请登记机构将有关申请人的不动产物权事项记载于不动产登记簿的事实。《民法典》第 209 条（原《物权法》第 6 条）规定，不动产物权的设立、变更、转让和消灭，应当依照法律规定登记。

不动产物权的设立、变更、转让和消灭经过依法登记会产生以下效力。

（1）不动产物权的设立、变更、转让和消灭，经依法登记，发生物权效力；未经登记，不发生效力，但法律另有规定的除外。（登记效力）

（2）不动产物权的设立、变更、转让和消灭，依照法律规定应当登记的，自记载于不动产登记簿时发生效力。（发生效力时间的规定）

（3）不动产权属证书是权利人享有该不动产物权的证明。不动产权属证书记载的事项，应当与不动产登记簿一致；记载不一致的，除有证据证明不动产登记簿确有错误外，以不动产登记簿为准。（权属证书是登记簿的外在表现形式）

不动产物权登记在依法产生上述效力的同时，还会相伴产生物权公示公信的效力。物权公示，是指在物权变动时，必须将物权变动的事实通过一定的公示方法向社会公开，使第三人知道物权变动的情况，以避免第三人遭受损害，进而保护交易安全。在民法上，不动产物权登记为不动产物权变动的公示方法，兼具物权设立、变更、转让和消灭的公示功能以及宣示权利归属及其正确性的功能。

物权公信，是指物权变动经过公示以后所产生的社会认同和信任，物权变动按照法定方法公示后，登记记载的权利人即为法律上真正的权利人，第三人因为相信登记记载的效力而与权利人从事的转移权利的交易受法律保护。即使有公示上的瑕疵，善意受让人也不负返还的义务。对原物权权利人的损失，由造成登记错误的人和登记机构承担赔偿责任。

二、我国不动产登记簿与德国不动产登记簿的效力区分

德国将不动产登记簿视为不动产登记簿公信力制度的前提条件，一方面与它们在立法技术上对不动产登记簿正确性和完整性拟制有关；另一方面与它们对自无权利人处取得的动产、不动产分别予以规定的做法有关。

德国通过不动产登记簿公信力的拟制作用解决了不动产之上未登记的权利和权利限制是否消灭的问题。除了已登记的物权存在，还包括未登记的物权和未登记的处分权限制不存在，这便从效力范围上超越了不动产登记簿的权利推定作用（在我国仅为权利推定力）。不动产登记簿公信力拟制作用将不正确的不动产登记与实体法律效果相联系，从而产生实体法上善意保护的法律效果。

不动产登记簿公信力在实体法上的法律效力排除了反证权利取得有瑕疵从而推翻善意保护的可能性。这一点和我国不同，我国要考察买受人的善意，买受人若不成就善意，则其无法成就善

意取得。取得人不能放弃所受到的善意保护。这样，善意在不动产登记簿公信力制度之下是排除善意保护的消极要件。取得人受善意保护既无须证明自己不知道不动产登记簿的不正确，也无须证明自己已知不动产登记簿的内容。

由此可见，德国法上不动产登记簿公信力的主观善意均体现为善意推定。我国《民法典物权编司法解释（一）》第 14 条、第 15 条分别规定了善意取得中受让人善意的一般规定和不动产善意取得中受让人非善意的认定。可以说，德国不动产登记簿拟制作用既实现了对善意的法定推定，又完成了将不动产登记簿的程序法推定作用向实体法保护功能的超越。而我国仅将不动产登记簿确定为权利推定力，权利状态推定说认为，登记推定的是权利状态，登记簿上的记载仅说明登记名义人有该项权利，而无法证明其权利取得为适法，所以当不存在适法的取得原因或登记原因时，登记对物权受让人即现在的登记名义人无效。

在我国，不动产物权登记的推定应当是对权利状态的推定，是权利推定而非事实推定。[1] 登记推定力制度的设置并不在于使

1. 最高人民法院民事审判第一庭.最高人民法院物权法解释（一）理解与适用［M］.北京：人民法院出版社，2016：69.

登记名义人终局性地确定享有真实权利，而是减轻登记名义人的证明负担。如果有人认为不动产登记簿错误，登记名义人无须就物权的产生要件加以证明，他只要证明其物权已在登记簿上进行了登记即可（证明推定的基础事实）。而主张登记簿错误的人必须提出足够的证据来证明其主张，方能推翻不动产登记簿的推定力。我国对不动产登记的效力没有采取绝对化，为民事诉讼的物权确权开了司法救济的口子。

三、我国婚姻法夫妻共同财产制与物权法不动产登记公信力的不协调

我国于1950年实施的《婚姻法》规定夫妻财产实行一般共同制。1980年实施的《婚姻法》在原来法律规定的基础上把法定夫妻财产制由原来的一般共同制修改为婚后所得共同制，同时补充了夫妻约定财产制。2001年实施的《婚姻法》在继续保留婚后所得共同制、夫妻约定财产制的基础上，对夫妻共有财产的范围、夫妻共同财产的处理权以及夫妻特有财产等作了更加完善、合理的规定。《民法典》第1062条延续此制度，并增加了劳务报酬、投资收益等夫妻共同财产形态。从《婚姻法》发展到《民法

典》，虽然对相关的制度作过相应修订，但对夫妻共同财产制度的规定具有连贯性和一致性，即婚姻关系存续期间所得的财产无论登记或占有在夫或妻任何一方名下均属于夫妻共同所有，处分夫妻共同财产应夫妻协商一致的法律意识已经深入人心。而《民法典》物权编关于不动产物权的设立、变更、转让和消灭，经依法登记发生效力，未经登记不发生效力的规定，无疑表明即使不动产是在婚姻关系存续期间取得，依婚姻家庭编判定也属于婚姻关系存续期间的夫妻共同财产，但只要夫妻一方未进行不动产产权登记，就不能在物权法层面认定该方为该不动产的共有人，进而其不能对抗善意第三人，即排除了对夫妻共同财产中未登记为共有人一方的不动产所有权的保护。由此可见，婚姻法下夫妻共同财产制与物权法下的不动产登记效力产生不协调。

四、最高人民法院的解决之道和裁判规则

为解决上述婚姻法与物权法的不协调，在解释论上，宜将夫妻财产共有权的取得解释为《民法典》第209条（原《物权法》第9条）“法律另有规定除外”的情形，且与基于法院判决、继承、事实行为等非因法律行为产生的物权并列（《民法典》第229~231

条），再借助第232条“未经登记，不发生物权效力”的规范，使未经登记的共有权不能任意进入流通领域，以保护交易安全与秩序。2015年3月1日起施行的《不动产登记暂行条例》第8条规定了不动产登记簿应当记载不动产权利的主体、类型、内容、来源、期限、权利变化等权属状况。因此应当认为，共有人作为不动产的权利主体，应当被记载登记于不动产登记簿中。但基于各种原因，共有人没有被实际登记到登记簿上的情况并不少见。实践中有观点认为，原《物权法》第9条规定，不动产物权的设立、变更、转让和消灭，经依法登记，发生效力；未经登记，不发生效力，但法律另有规定的除外。第14条规定不动产物权的设立、变更、转让和消灭，依照法律规定应当登记的，自记载于不动产登记簿时发生效力。因此，对于没有登记记载于登记簿的共有关系，依法并未发生法律效力。我们认为，对于没有登记记载于登记簿的共有关系，还应具体作出区分。根据《民法典》第1062条（原《婚姻法》第17条）的规定，夫妻在婚姻关系存续期间所得的财产，以夫妻共同所有为基本原则，因而这种共有关系基于法定产生，应当属于此条所称“法律另有规定的除外”。即使没有登记于不动产登记簿，亦应具有物权效力。而对于当事人之间基于合同约定而产生的共有关系，原则上应当进行登记。[1]

例如，依原《婚姻法》第 17 条、第 18 条的规定，夫妻一方因法定继承所得的财产，当然属于夫妻共有财产范围。据此，如无相反证据，夫妻一方因法定继承取得的房屋，配偶另一方虽未登记为物权人但当然享有共有权。只是在对外关系上，夫妻任何一方均不得擅自处分此类财产，否则会引发登记公信力的适用及不动产善意取得等问题。

其他相关司法解释进一步佐证了对于房屋物权共有关系存在未经登记而现实存在的结论，《婚姻法司法解释（二）》即为例证。该解释第 19 条规定，由一方婚前承租、婚后用共同财产购买的房屋，房屋权属证书登记在一方名下的，应当认定为夫妻共同财产，与上述最高人民法院解读的婚姻内部确权规则相符。笔者认为，这并非对物权公示原则的悖离，而只是最高人民法院在物权法与婚姻法不协调时选择的一种变通性策略，以与婚姻主体的特殊身份相契合。因为物权公示尤其是不动产登记的核心功能在于保护交易安全，当夫妻共有的不动产远离流

1. 最高人民法院民事审判第一庭.最高人民法院物权法解释（一）理解与适用［M］. 北京：人民法院出版社，2016：371.

通领域，就意味着不动产的归属与第三人的信赖利益及交易安全无涉，此时以保护动态安全为主要目的的登记的确权功能隐藏于幕后，而应直接依婚姻法的规定将婚姻关系存续期间所得的不动产确定为夫妻共有财产，以实现保护静态安全的价值取向。

在此，我们也可以借助常鹏翱教授的“法律物权（形式物权）与事实物权（实质物权）”的分析框架进行裁判。对于夫妻共有的不动产物权，虽然配偶未经登记即只登记在一方名下，即未用法定的不动产登记公示夫妻共有，但隐名共有人（配偶）作为一种基于婚姻法特殊规定而确定的事实物权人（注意买受人不是事实物权人），并不会危害社会公共利益和交易秩序，法律也就不能排斥或不保护这种权利。且在不存在交易第三人的情况下，事实物权有对抗形式物权的效力，[1]即未登记一方在法定范围内可任意行使自己的共有权，而无须经过登记方的同意或先行登记。如虽未经登记为共有权人，但在登记方一方擅自出卖该夫妻共有房产的情形下，出卖方与买受人订立的买卖合同仅具有债权效力，在未经登记的共有人不同意办理物权变动的情形下，该债

1. 常鹏翱.物权法的展开与反思［M］.北京：法律出版社，2007：152-153.

权合同不得继续履行，只能请求违约赔偿。[1]

当然，对《婚姻法司法解释（二）》第 19 条应采反对解释，由一方婚前承租、婚后用个人财产购买的房屋，房屋权属证书登记在一方名下的，应当认定为夫妻个人财产。这是因为用个人财产购置的财产，只是转化了原个人财产的外在形式，并没有改变财产的法律性质，自应属于原权利人所有。但在双方对房屋是由共同财产还是个人财产购买发生争执时，实体争议便首先让位于证据规则，即应由哪一方来承担举证责任以证明不动产的归属。

在物权法中，不动产登记具有权利推定力，登记名义人一般被推定为真实的所有权人。此种推定不仅免除了权利人的举证责任，还给提出异议者（确权原告）施加了举证责任。《物权法司法解释（一）》第 2 条也是将不动产登记簿记载的权利与真实权利不一致的举证责任分配给真实权利人。但是，这种举证规则是否完全适用于夫妻加名确权领域？完全依此规则而不考虑婚姻法定共同制，登记在夫妻一方名下的不动产首先应推定为此方所有，若配偶另一方主张其有共有权的，应由其举证证明该不动产是由夫妻共同财产购置而来的。如果举证不能，则导致客观举证

1. 详见最高人民法院民事审判第一庭的裁判规则。

责任启动而败诉。这种处理方式显然与婚姻法夫妻共同财产制的立法相违背，因为婚姻法中没有特别约定就适用法定共同自然是不同于物权法中的其他共有情形的。

笔者认为，在此种案型下，调整夫妻财产关系的法律体系中，婚姻法属于特别法而物权法属于一般法，根据特别法应优先适用的原理，婚姻法中所确立的“婚姻关系存续期间所得财产属于夫妻共同财产”的规则应优先适用。也就是说，只要系争房产的权利取得时间在婚后，即使登记在夫妻一方名下，也应首先推定为夫妻共有财产，但如配偶一方能够反证举证该房产系以其个人财产购买所得，且房产登记在其名下的，法院即可认定该房产属于个人财产。此种举证责任的分配规则，包括不动产登记的权利推定功能在婚姻领域所作的调适，归根结底都是由夫妻共有主体之间存在法定夫妻财产制决定的。

五、法院物权确权诉讼（产权加名）的实质审查原则

现实生活中，配偶间不动产权属登记常以一方的名义进行。未进行权属登记的配偶一方权利的有无处于或然性状态，完全由进行权属登记的配偶一方的意愿及善意第三人的权利所控制和左

右。进行权属登记的配偶一方擅自处分共有的不动产，以及第三人的善意取得成立的情形下，其财产所有权荡然无存。对此，法院有必要进行确权诉讼并由胜诉方向登记机构进行加名更正登记。

首先，在案由方面，对于这类代表登记，实际的共有人虽未被登记为权利主体，但可以依据法定共有的基础法律关系提起不动产确权之诉或执行异议之诉。就夫妻共有财产而言，未登记为所有人的配偶一般对夫妻共有财产不得提出执行异议之诉（主要指夫妻共同债务情形），因为依据我国原《婚姻法》的有关司法解释，如果婚内以一方名义欠下的债务成就《民法典》第1064条构成夫妻共同债务，婚内的配偶即对夫妻共同债务负有连带清偿责任，则诉请执行异议之诉并无实质意义。

其次，针对前述民事诉讼中不动产登记簿的权利推定效力问题，《民法典物权编司法解释（一）》第2条明确了人民法院的实质审查原则。物权法的目的在于明确物的归属，定分止争，因此不能参照登记机关的形式审查标准。在物权归属确认之诉中，如果当事人提出反证证明不动产登记簿的记载确有错误，人民法院应当判决支持反证当事人的诉讼主张。笔者对此认为，必要时，人民法院也应当主动调取证据，以加强对不动产登记的原因和基础关系的审查，正确认定事实，依法裁判。例如，在夫妻共有关系案件中，房屋共有关系的成立基础和出资关系往往成为法院审理的重点，如果背后涉及政策性规定或内部规定，审理时亦须一并考虑。例如，房改房折算配偶工龄优惠，虽未将该配偶登记为权利人，但通常房改房以家庭为单位享受优惠。加之购买房改房的出资通常是夫妻共同财产，所以认定为夫妻共同共有。一种特例是计算完前配偶的工龄优惠后，配偶去世，购买方再婚，房产证登记发生在再婚期间，考虑到通常是计算前配偶的工龄，在没有证据证明该购买房改房使用了与现配偶的夫妻共同财产的情形下，通常不认定为与现配偶的夫妻共同财产。上述司法解释通过对不动产登记制度与物权归属和物权变动关系的厘定，既统一了物权法的司法适用和定分止争规则，也进一步明确了不动产物权的真实权利人的权利救济诉讼路径，使得利益保护更加全面。

六、司法判决中法官不得直接进行物权确权的情形

1. 物权确权纠纷案件不宜直接确认权属

在物权确权纠纷案件中，根据物权变动的基本原则，对于当事人依据受让合同提出的确权请求应当视动产与不动产区别予以

对待。人民法院对于已经交付的动产权属可以予以确认。对于权利人提出的登记于他人名下的不动产物权归其所有的确权请求，人民法院不宜直接判决确认其权属，而应当判决他人向权利人办理登记过户。[1]

2. 不得直接依据和解协议等民事合同或民事调解书确认物权归属

在和解协议等民事合同或在民事调解书中，如当事人作出特定不动产归某人所有的约定，但并未完成不动产所有权的过户登记的，法院不得确认该不动产归某人所有。在上述情形下，当事人虽有即时转移不动产所有权的意思表示，但根据物权法定的原则，物权变动的时间一般不得由当事人自由约定，故依法只能在过户登记完成时才发生所有权转移，否则某人享有的只是债权而不是物权。

律师实务要点

有观点认为离婚调解书是形成性文书，在《最高人民法院物权法解释（一）理解与适用》一书第 219 页对

1. 《最高人民法院公报》2012年第6期（总第188期）。

物权法第7条解读中应推断出离婚调解书具有形成力。据此观点，离婚调解书可以归入《民法典》第229条的导致物权变动的法律文书。也有不承认离婚调解书是形成文书的观点[1]，民诉界主流观点也不认可离婚调解书具有直接导致物权变动的形成力。对此，最高人民法院的权威观点是，《物权法》已实施多年，大多数人已经形成不动产所有权的变更须登记才发生公示公信效力的普遍认识。法律规定的物权变动方式涉及对第三人权益的保护，不宜轻易突破物权公示公信原则，因离婚财产分割协议而导致房屋所有权转移的，属于基于法律行为引发的物权变动，根据原《物权法》第9条的规定，离婚房产权属约定必须经不动产登记才发生物权效力。如果申请执行人是诉争房屋的买受人，其享有的是对诉争房产的物权期待权，离婚协议中关于房产权属的约定未经公示，难以与之对抗；当申请执行人对诉争房产享有抵押权等担保物权时，其作为优先债权人，债权因登记而具有公示对抗效力。离婚协议作为未经公示的财产权属

1. 谢在全.民法物权论：上册［M］.北京：中国政法大学出版社，1999：95.

约定，只在当事人之间产生约束力，对外不发生物权变动的法律效果。

最高人民法院八民会议讲话也重申，坚决维护登记的严肃性和权威性，严格适用原《物权法》第9条的规定，除法律有特别规定情形外，对未予登记的不动产物权设立、变更、转让和消灭行为，依法确认其不具有物权变动效力。注意区分不动产登记的内部效力和外部效力。不能因为法律将登记作为物权变动的生效要件，而错误地认为财产权是登记机构赋予的。对发生争议的不动产物权归属的最终判断，不能唯登记论，应当依赖对物权变动原因的法律事实的审查。这应该是针对物权法与婚姻法关于物权登记冲突方面的正确裁判的指导思想。

3. 借名买房不得提请确权之诉

法院以判决的方式对不动产重新进行确权，必然导致对原有不动产登记的否认。如法院不严格限制不动产确权的范围，随意否定不动产登记对权利归属的推定，作为物权法一般原则的物权公示、公信原则不复存在，同时极大地影响不动产交易的安全。

这也是八民会议所强调的。因此，不动产物权变动原则上应以不动产登记为准，法院以判决方式进行的确权只能是这种原则的例外或者对个别特殊情形的司法矫正。

对于借名买房，《北京市高级人民法院关于审理房屋买卖合同纠纷案件若干疑难问题的会议纪要》第10条规定：借名人以出名人（登记人）为被告提起诉讼，要求确认房屋归其所有的，法院应当向其释明，告知其可以提起合同之诉，要求出名人为其办理房屋过户登记手续。在司法实践中，有观点认为，既然不动产物权源于当事人的法律行为或法律规定的非法律行为，那么登记在判断不动产物权归属时就不具有绝对效力，即使不经登记，仍然是物权。在基于法律行为发生的不动产物权变动中，当事人之间法律行为所包含的合意与登记不一致时，可依当事人之间的真实意思表示直接确认不动产物权的归属。司伟博士强调，这种观点虽然在诸如土地承包经营权、地役权等以登记对抗为原则的不动产物权变动时就其结论而言是成立的，但显然并不能扩大适用于如房屋所有权等以登记为生效要件的不动产物权变动中。实际上，这种观点的立足点已经出现偏差，混淆了物权与债权这两种性质不同的权利，与物权法规定的不动产物权变动的主要模式和要件在根本上相违背，将导致虚化不动产登记在不动产物权变动中的法律作用或效力的后果，因而是错误的。以实践中最为常见和典型的不动产物权变动形式，即以登记为生效要件的基于法律行为发生的不动产物权变动为例，当事人之间的原因行为固然是不动产物权变动的核心推动力，但同时，依法律规定，不动产登记亦为其生效要件之一，登记完成才标志着不动产物权变动的最终完成。如果仅仅具有当事人之间的原因行为，而未完成登记，则相应的“物权变动”因欠缺生效要件而不发生物权效力。

最高人民法院在（2020）最高法民再 328 号中针对借名买房再次重申了裁判规则。《物权法司法解释（一）》第 2 条规定：“当事人有证据证明不动产登记簿的记载与真实权利状态不符、其为该不动产物权的真实权利人，请求确认其享有物权的，应予支持。”但司法解释的该条规定系适用于利用虚假资料骗取登记、登记机关人员错误登记、非基于法律行为导致物权变动后未及时更正登记等情况下，已经过法定程序取得权利的真实权利人与登记簿记载不一致导致的登记错误等情形。如徐某某借用曾某某名义签订商品房买卖合同、办理相关手续，故意将案涉房屋登记在曾某某名下，不属于前述法律规定的登记错误情形。

在借名买房并不违反公序良俗原则、不存在无效事由的情况下，借名人可以依据实质上的代持关系要求出名人将房屋过户至其名下，但此项权利系基于合同关系所产生的债权请求权，在经法定变更登记程序完成物权公示之前，借名人尚不能依据借名买房的合同关系未经公示程序即直接被确认为房屋的物权人，其所享有的债权请求权也不具有对世效力、排他效力和绝对效力。这不但符合我国法律关于物权变动的实然规定，也是借名人故意制造名义买房人与实际买房人不一致时应面临的权利风险。故仅依据借名买房协议，徐某某并不能直接成为案涉房屋的所有权人，不享有排除执行的合法权益。原审法院判决认定徐某某因借名买房关系对案涉房屋享有物权或所谓物权期待权而足以排除执行，认定事实及适用法律错误，二审法院予以纠正。虽然不动产登记在本质上是不动产物权的公示方式，但在基于法律行为发生的物权变动中，物权法赋予不动产登记生效要件的法律地位。对此，律师不应忽视，更不能罔顾不理。在此，笔者提请律师注意上述最高人民法院借名买房等不得确权的裁判规则，否则将可能引发败诉的后果。

伍

离婚财产分割协议[1]

1. 本部分内容系根据笔者判决的唐某诉李某、唐某乙法定继承纠纷案（载《最高人民法院公报》2014年第12期）改写。

拓展知识

《民法典》第 1065 条夫妻约定财产制的解读、物权法与婚姻法适用冲突与最高人民法院裁判解释路径

案例

被继承人唐某共有两个子女，即唐甲（女儿）和唐乙（儿子）。唐某与其前妻G某于1996年11月26日离婚，二人于1985年11月30日生育一女，即唐甲，双方协议离婚时约定唐甲由G某抚养。李某与唐某系夫妻关系，二人于1999年10月8日登记结婚，于2000年7月25日生育一子，即唐乙。唐某父母均已去世。本案当事人关系如图5-1所示。

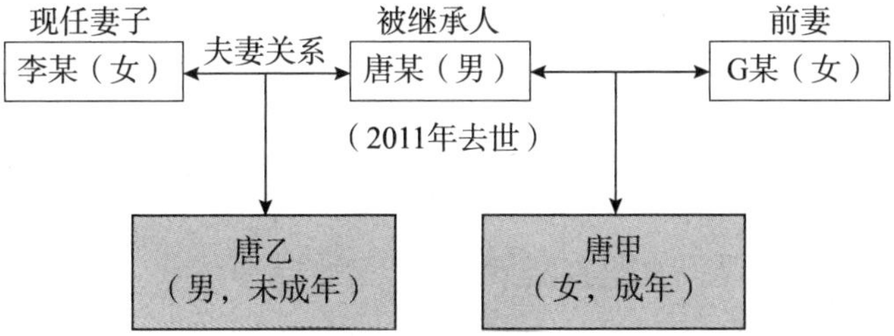

图5-1　本案当事人关系图

唐某系某报社副总编辑，2010年10月2日，唐某与李某签订分居协议书，双方约定："唐某和李某的感情已经破裂。为了不给儿子心灵带来伤害，我们决定分居。双方财产作如下切割：现在财富中心和慧谷根园的房子归李某拥有。李某可以任何方式处置这些房产，唐某不得阻扰和反对，并有义务协办相关事务。湖光中街和花家地的房产归唐某所有。唐某可以任何方式处置这些房产，李某不得阻扰和反对，并有义务协办相关事务。儿子唐乙归李某所有。唐某承担监护、抚养、教育之责。李某每月付生活费5000元。双方采取离异不离家的方式解决感情破裂问题。为了更好地达到效果，双方均不得干涉对方的私生活和属于个人的事务。"2011年9月16日，唐某在外地出差期间突发疾病去世，未留下遗嘱。2012年11月28日，北京民生物证司法鉴定所出具司法鉴定意见书，鉴定意见为该分居协议书上唐某签名为其本人所签。

2009年11月10日，李某取得慧谷根园房屋产权证书，登记的产权人为李某，共有情况为单独所有。2002年12月16日，唐某作为买受人与开发商签订了财富中心房屋买卖合同，在唐某去世后，该房屋尚欠银行贷款877125.88元未偿还。2006年1月19日，唐某、李某作为借款人，交通银行北京西单支行作为贷款人，北京市住房贷款担保中心作为保证人共同签订了中共中央直属机关个人住房担保委托贷款借款合同，唐某、李某购买某报社（唐某为该报社副总编辑）的湖光中街房屋。2008 年 9 月 18 日，唐某取得该房屋的产权证书，共有情况为单独所有，房屋性质为按经济适用住房管理。湖光中街房屋系中直机关公有住宅，2004 年 3 月 31 日，唐某作为承租方与其单位某报社作为产权单位签订了中直机关公有住宅租赁合同。该合同约定，如承租方发生变更（如出国定居、调出、死亡等）时，本合同即中止。原同住者如要求继续承租，须经产权单位同意，并按照产权单位的有关规定重新签订租赁合同。关于存款、汽车、工亡补助金等不涉及本案争议问题，在此不作讨论。

法院判决

一审法院经审理认为：继承从被继承人死亡时开始。同一顺序继承人继承遗产的份额，一般应当均等。本案中，唐甲、唐乙作为被继承人唐某的子女，李某作为被继承人唐某的配偶，均属于第一顺序继承人，对于唐某的遗产，三人应予以均分。遗产是公民死亡时遗留的个人合法财产。

本案中，首先应界定哪些财产属于唐某的遗产。湖光中街房屋为公租住宅，如想承租该房屋，须与该房屋产权单位进行协商并重新签订租赁合同，法院无权直接判决确定何人为该房屋承租人，故对于唐甲要求与唐乙共同承租该房屋的诉讼请求，无事实及法律依据，法院不予支持。

湖光中街房屋因登记在唐某名下，且唐某与李某在分居协议书中已经明确约定该房屋为唐某所有，唐某可以任何方式处置这些房产，故该房屋应认定属于唐某个人财产，应属于其遗产并予以分割。双方均认可该房屋现价值540万元，法院对此不持异议，按照540万元在三人间予以均分，因唐乙尚未成年，而唐甲只要求获得折价款，故该房屋归李某所有，李某应向唐甲支付折价款180万元。

慧谷根园房屋因登记在李某名下，且唐某与李某在分居协议书中已经明确约定该房屋为李某所有，李某可以任何方式处置这些房产，故该房屋应认定属于李某个人财产，不属于遗产范围，故对于唐甲要求分割该房产中唐某份额的诉讼请求，法院不予支持。

关于财富中心房屋，唐某与李某虽然在分居协议书中约定了该房屋归李某拥有，但直至唐某去世，该房屋仍登记在唐某名下，故该分居协议书并未实际履行，根据物权登记主义原则，应确认该房屋属于唐某与李某夫妻共同财产。该房屋价值应为评估报告确定的数额减去尚未还清的贷款数额，为 5311084.12 元。该数额的一半为李某夫妻共同财产，另一半为唐某遗产，属于唐某遗产的份额应均分为三份，由李某、唐乙和唐甲均分。考虑到唐乙尚未成年，而唐甲要求获得折价款，故法院判决该房屋归李某所有，由李某向唐甲支付折价款 885180.69 元，并偿还该房屋剩余未还贷款。

据此，一审法院于 2014 年 4 月判决：被继承人唐某遗产——湖光中街房屋归李某所有，李某于判决生效后 10 日内向唐甲支付折价款 180 万元。被继承人唐某遗产——财富中心房屋归李某所有，并由李某偿还剩余贷款，李某于判决生效后 10 日内向唐甲支付折价款 885180.69 元。驳回唐甲其他诉讼请求。

一审法院判决后，唐乙、李某不服，提起上诉，请求依法改判财富中心房屋为李某个人所有，不属于唐某遗产范围。其上诉理由主要为：唐某与李某签订的分居协议书的性质应属婚内财产分割协议，财富中心房屋无论登记在何方名下，都应以唐某与李某的有效婚内财产约定确定其归属。

二审法院经审理认为：综合当事人的诉辩主张和查明的事实，本案二审争议焦点为财富中心房屋的权属问题。李某、唐乙认为根据分居协议书的约定，该诉争房屋是李某的个人财产，不应纳入唐某的遗产范围予以继承；唐甲认为该诉争房屋登记在唐某名下，应当作为其遗产进行继承。二审法院认为解决该争议焦点的关键在于厘清以下三个问题。

第一，唐某与李某于 2010 年 10 月 2 日签订的分居协议书的法律性质。李某、唐乙认为，该协议属于婚内财产分割协议，是唐某与李某对其婚姻关系存续期间所得财产权属的约定，该约定合法有效，对双方均具有约束力。唐甲认为，该协议系以离婚为目的达成的离婚财产分割协议，在双方未离婚的情况下，该协议不发生法律效力。法院认为，本案中唐某与李某签订的分居协议书是婚内财产分割协议，而非离婚财产分割协议。理由如下。

首先，从分居协议书内容看，唐某与李某虽认为彼此感情已经破裂，但明确约定为不给儿子心灵带来伤害，采取“离异不离家”的方式解决感情破裂问题，双方是在婚姻关系存续的基础上选择以分居作为一种解决方式并对共同财产予以分割，并非以离婚为目的而达成财产分割协议。

其次，从文义解释出发，二人所签分居协议书中只字未提

"离婚"，显然不是为了离婚而对共同财产进行分割，相反，双方在协议书中明确提出"分居""离异不离家"，是以该协议书来规避离婚这一法律事实的出现。

最后，原《婚姻法》第 19 条第 1 款对夫妻约定财产制作出明确规定："夫妻可以约定婚姻关系存续期间所得的财产以及婚前财产归各自所有、共同所有或部分各自所有、部分共同所有。约定应采用书面形式。没有约定或者约定不明确的，适用本法第十七条、第十八条的规定。"本案所涉及的分居协议书中，唐某与李某一致表示"对财产作如下切割"，该约定系唐某与李某不以离婚为目的对婚姻关系存续期间所得财产作出的分割，应认定为婚内财产分割协议，是双方通过订立契约对采取何种夫妻财产制所作的约定。

第二，本案应当优先适用物权法还是婚姻法的相关法律规定。李某、唐乙认为，应适用原《婚姻法》第 19 条的规定，只要夫妻双方以书面形式对财产分割作出约定即发生法律效力，无须过户登记；唐甲主张，本案应适用原《物权法》第 9 条的规定，不动产物权的权属变更未经登记不发生法律效力。因此，二审法院认为，该问题首先要厘清物权法与婚姻法在调整婚姻家庭领域内财产关系时的衔接与适用问题，就本案而言，应以优先适用婚姻法的相关规定处理为宜。理由如下。

在物权领域，法律主体因物产生联系，物权法作为调整平等主体之间因物之归属和利用而产生的财产关系的基础性法律，重点关注主体对物的关系，旨在保护交易安全以促进资源的有效利用。而婚姻法作为身份法，旨在调整和规制夫妻之间的人身关系和财产关系，其中，财产关系依附于人身关系而产生，仅限于异性之间或家庭成员之间因身份而产生的权利义务关系，不体现直接的经济目的，而是凸显亲属共同生活和家庭职能的要求。故婚姻法关于夫妻子女等身份或财产关系的规定不是出于功利目的创设和存在，而是带有“公法”意味和社会保障、制度福利的色彩，将保护“弱者”和“利他”价值取向直接纳入权利义务关系的考量。因此，婚姻家庭的团体性特点决定了婚姻法不可能完全以个人为本位，必须考虑夫妻共同体、家庭共同体的利益，与物权法突出个人本位主义有所不同。在调整夫妻财产关系领域，物权法应当保持谦抑性，对婚姻法的适用空间和规制功能予以尊重，尤其是夫妻之间关于具体财产制度的约定不宜由物权法过度调整，应当由婚姻法去规范评价。

本案中，唐某与李某所签协议中关于财富中心房屋的分割，属于夫妻内部对财产的约定，不涉及家庭外部关系，应当优先和主要适用婚姻法的相关规定，物权法等调整一般主体之间财产关系的相关法律规定应作为补充。

第三，物权法上的不动产登记公示原则在夫妻财产领域是否具有强制适用的效力。李某、唐乙认为，婚内财产分割协议只涉及财产在夫妻之间的归属问题，依双方约定即可确定，无须以公示作为物权变动要件。唐甲则主张财富中心房屋的产权人是唐某，即使唐某与李某曾约定该房屋归李某拥有，也因未办理产权变更登记而未发生物权变动效力，该房屋仍应纳入唐某的遗产范围。二审法院认为，唐某与李某所签分居协议书已经确定财富中心房屋归李某一人所有，虽仍登记在唐某名下，并不影响双方对上述房屋内部处分的效力。因为，物权法以登记作为不动产物权变动的法定公示要件，赋予登记以公信力，旨在明晰物权归属，保护交易安全和交易秩序，提高交易效率。

在实践中，由于法律的例外规定、错误登记的存在、法律行为的效力变动、当事人的真实意思保留以及对交易习惯的遵从等，存在大量欠缺登记外观形式，但依法、依情、依理应当给予法律保护的事实物权。原《物权法》第 28 条至第 30 条对于非基于法律行为所引起的物权变动亦进行了例示性规定，列举了无须公示即可直接发生物权变动的情形。当然，这种例示性规定并未穷尽非因法律行为而发生物权变动的所有情形，原《婚姻法》及其司法解释规定的相关情形亦应包括在内。

在夫妻财产领域，存在大量夫妻婚后由一方签订买房合同，并将房屋产权登记在该方名下的情形，实际上只要夫妻之间没有另行约定，双方对婚后所得的财产即享有共同所有权，这是基于婚姻法规定的法定财产制而非当事人之间的法律行为。因为结婚作为客观事实，已经具备了公示特征，无须另外公示。而夫妻之间的约定财产制，是夫妻双方通过书面形式，在平等、自愿、意思表示真实的前提下对婚后共有财产归属作出的明确约定。此种约定充分体现了夫妻真实意愿，系意思自治的结果，应当受到法律的尊重和保护，故就法理而言，应纳入非依法律行为即可发生物权变动效力的范畴。因为双方合意，故不是基于法律行为的物权变动。

因此，当夫妻婚后共同取得的不动产物权归属发生争议时，应当根据不动产物权变动的原因行为是否有效、有无涉及第三人利益等因素进行综合判断，不宜以产权登记作为确认不动产权属的唯一依据，只要有充分证据足以确定该不动产的权属状况，且不涉及第三人利益，就应当尊重夫妻之间的真实意思表示，按照双方达成的婚内财产分割协议履行，优先保护事实物权人。需要指出的是，此处的第三人主要是相对于婚姻家庭关系内部而言，如夫妻财产涉及向家庭以外的第三人处分物权，就应当适用物权法等调整一般主体之间财产关系的相关法律规定。而对于夫妻家庭关系内的财产问题，应当优先适用婚姻法的相关规定（《民法典》实施之后，婚姻家庭编的不动产物权变动规则没有特殊性）。

本案中，分居协议书约定“财富中心房屋归李某拥有，李某可以任何方式处置这些房产，唐某不得阻挠和反对，并有义务协办相关事务”。该协议书系唐某与李某基于夫妻关系作出的内部约定，是二人在平等自愿的前提下协商一致在彼此间进行家庭财产分配的结果，不涉及婚姻家庭以外的第三人利益，具有民事合同性质，对双方均具有约束力（笔者认为此为争议性问题，但现在立法基本明确系债权性问题）。财富中心房屋并未进入市场交易流转，其所有权归属的确定亦不涉及交易秩序与流转安全。故唐甲虽在本案中对该约定的效力提出异议，但其作为唐某的子女并非物权法意义上的第三人。因此，虽然财富中心房屋登记在唐某名下，双方因房屋贷款之故没有办理产权过户登记手续，但物权法的不动产登记原则不应影响婚内财产分割协议关于房屋权属约定的效力。且结合唐某与李某已依据分居协议书各自占有、使用、管理相应房产的情形，应当将财富中心房屋认定为李某的个人财产，而非唐某的遗产予以法定继承。一审法院根据物权登记主义原则确认财富中心房屋为唐某与李某夫妻共同财产实属不妥，二审法院予以调整。

综上所述，2014年，二审法院依照《物权法》第9条[1]，《婚姻法》第19条[2]，《继承法》第2条[3]、第3条[4]、第5条[5]、第10条[6]、第13条[7]，《民事诉讼法》第170条第1款第2项[8]的规定，作出判决如下：第一，维持北京市朝阳区人民法院（2013）朝民初字第30975号民事判决第一项、第二项、第四项、第五项；第二，撤销北京市朝阳区人民法院（2013）朝民初字第30975号民事判决第六项；第三，变更北京市朝阳区人民法院（2013）朝民初字第30975号民事判决主文第三项为“位于北京市朝阳区东三环北路某号财富中心B座某单元某号房屋归李某所有，并由李某偿还剩余贷款”；第四，驳回唐甲其他诉讼请求。

1. 具体参见《民法典》第209条。
2. 具体参见《民法典》第1065条。
3. 具体参见《民法典》第1121条。
4. 具体参见《民法典》第1121条。
5. 具体参见《民法典》第1123条。
6. 具体参见《民法典》第1127条。
7. 具体参见《民法典》第1130条。
8. 2021年《民事诉讼法》修改后，本条变更为第177条。

理论·实务

上述案例具有典型意义，涉及的理论问题有夫妻约定财产制的解读、《民法典》第 1065 条的效力问题等。

一、夫妻约定财产制的解读

通说认为，所谓夫妻财产约定制，是指夫妻之间以契约方式约定婚前财产，或者婚姻关系存续期间的合法财产的权属、管理和分配等事项，并排除法定夫妻财产规则适用的制度。[1] 我国原《婚姻法》第 19 条确立了夫妻约定财产制。从法条表述看，立法对夫妻间的财产约定没有任何限制，更符合夫妻财产约定开放式制度的特征。因为全部所有、分别所有、部分共有、部分分别所有，实际上已经涵盖了夫妻间对财产约定的所有情形，是允许夫

1. 胡康生.中华人民共和国婚姻法释义［M].北京：法律出版社，2001：73.

妻双方通过约定将个人财产在对方个人财产、夫妻共有财产之间加以任意变动的。“当然也包括可以约定一方婚前财产在婚后归对方所有。”[1]

法条解释方面，如果“运用字义解释方法理解法律条文具有两种以上结论时，应当运用体系解释方法联系法律条文的上下文进行把握”。[2]故，就原《婚姻法》第 19 条所处的位置及其整体性而言，其放在第 17 条法定财产制、第 18 条夫妻一方的个人财产之后，目的是缓解前述法定财产制的僵硬和强制性，突出尊重夫妻双方的意思自治，允许男女双方自由决定和安排婚前或婚后的财产。也就是说，对于没有违反法律禁止性规定或公序良俗的夫妻财产约定，法律均认可其效力，法律允许夫妻间有选择、创设财产关系的自由，这充分体现了私法自治的契约自由原则，满足了婚姻当事人个别性和特殊性的需要。

“我国《婚姻法》第 19 条规定的约定夫妻财产制，不仅允许当事人对结婚前后的所有财产加以约定，而且对于财产的权属分配方式也可以自由约定。《婚姻法》第 19 条对夫妻财产约定意思

---

1. 胡康生.中华人民共和国婚姻法释义［M］.北京：法律出版社，2001：73.
2. 王泽鉴.法律思维与民法实例——请求权基础理论体系[M].北京：中国政法大学出版社，2001.

自治的尊重程度，可以说是最大限度地允许当事人通过法定方式任意约定夫妻财产的内容、范围和分配方式。”[1]直言之，确立我国约定财产制的原《婚姻法》第 19 条，其性质应为任意性与授权性规范，根据本条，在我国，夫妻双方可自由约定财产归属。《民法典》第 1065 条延续第 19 条的内容，只是将原条文中约定主体由“夫妻”改为“男女双方”，涵盖了婚前约定的情形，用语更严谨。

二、《民法典》第 1065 条夫妻约定财产制当然可以约定具体财产（特别是房产）

有观点认为，原《婚姻法》第 19 条夫妻约定财产制的选择约定并非针对某个或某些特定的财产归属作出约定，故本案中该协议不属于《婚姻法》第 19 条夫妻约定财产制的范畴，原判适用《婚姻法》第 19 条裁判，适用法律不当。对此，笔者分析如下。

1. 许莉.夫妻房产约定的法律适用——基于我国约定夫妻财产制的考察[J].浙江工商大学学报，2015（1）：55-63.

我国的实际国情及普遍的婚姻家庭价值观念决定了现实中的夫妻财产约定不是抽象的原则性描述，而是“落地为”对具体财产特别是房屋的协议上。允许当事人通过对特定财产的约定达到部分变动法定夫妻财产制的目的，一直为我国约定夫妻财产制立法所认可。1950 年实施的《婚姻法》未涉及夫妻财产约定的内容，但其立法本意对夫妻之间的财产约定持认可态度，且确立了自由约定的原则。1950 年 4 月 14 日中央人民政府法制委员会[1]颁布的《关于中华人民共和国婚姻法起草经过和起草理由的报告》指出，这种概括性的规定（指第 10 条关于夫妻财产的规定），不仅不妨碍夫妻间真正根据男女权利平等和地位平等原则作出对于任何种类家庭财产的所有权、处理权与管理权相互自由的约定；相反，对一切种类的家庭财产问题，都可以用夫妻双方平等的自由自愿的约定方法来解决，这也是夫妻双方对于家庭财产有平等的所有权与处理权的另一种具体表现。

1980 年实施的《婚姻法》第 13 条规定：“夫妻在婚姻关系存续期间所得的财产，归夫妻共同所有，双方另有约定的除外。”

1. 1954年10月，经第一届全国人大常委会第二次会议批准，设立国务院法制局，中央人民政府法制委员会撤销。

这一规定涵盖了法定和约定夫妻财产制的全部内容。“当事人另有约定的除外”实际上就是赋予了当事人通过约定变动法定夫妻财产制内容的权利，可以是整体变动，也可以是个别变动。

2001 年实施的《婚姻法》第 19 条秉承了这一理念，只是将概括性的规定加以细化。“可以对婚前婚后财产约定全部所有、分别所有及部分分别所有、部分共有”的表述，实质上就是赋予当事人以约定方式自由变动第 17 条、第 18 条规定的共有财产和个人财产范围。对《婚姻法》第 19 条所规定的约定财产的范围，全国人大常委会的立法权威释义明确：“一是婚姻关系存续期间所得的财产归各自所有。如夫妻可约定一方所得的工资、奖金，生产经营的收益等，归该方所有。二是婚姻关系存续期间所得的财产共同所有或部分共同所有、部分各自所有。如夫妻可约定各自工资、奖金一半归夫妻共有，一半归各自所有。三是约定婚前财产归各自所有、共同所有或部分各自所有、部分共同所有。如夫妻可以约定女方婚前父母所送的嫁妆归夫妻共同所有。当然也可以约定一方婚前财产在婚后归对方所有。”[1] 此处明确将“一方

1. 姚红，王瑞娣，段京连，郝作成.中华人民共和国婚姻法释解［M］.北京：群众出版社，2001：79.

财产在婚后归对方所有”列为可以约定的范围。而原《婚姻法司法解释（一）》第19条规定：“婚姻法第十八条规定为夫妻一方所有的财产，不因婚姻关系的延续而转化为夫妻共同财产。但当事人另有约定的除外。”从这一规定也可以相应推出：如果当事人有约定，一方个人财产可以转化为夫妻共同财产或者对方个人财产。据此，夫妻约定一方婚前所有房产婚后归夫妻双方共有或归另一方所有，当然可以纳入夫妻约定财产制的范畴。

本案中诉争的财富中心房产是双方婚姻期间所得的夫妻共同财产，夫妻双方当然可以通过第19条的约定，将其约定为李某个人所有。只是关于该夫妻财产约定在未办理权属变更登记之前是否具有物权效力，立法出现空白，原因是我国没有其他大陆法系国家或地区所设立的法定的夫妻财产契约的登记部门将其予以法定公示，以及缺少婚姻涉房约定登记与不动产登记的同步联网，这导致该制度与《民法典》物权编无法形成有效衔接并引发裁判不统一。

对特定财产尤其是不动产加以约定是我国夫妻财产约定的常态，司法实务中经常遇到。夫妻之间只针对特定财产的归属进行约定，以达到对法定夫妻财产制的部分变更。这种针对某类财产或某个财产的特别约定，目的是防止财产流失，也有隐含将某一特定不动产约定为另一方所有或共有以作为婚姻保障的实例。这正是我国夫妻约定财产制在现实生活中的常态，不能因为其内容只涉及对特定房产的约定就否认其构成夫妻约定财产制。如果只将我国夫妻约定财产制机械地理解为一种制度而不能落地为针对具体的不动产或其他当事人需要特意约定的财产，则《民法典》1065 条（原《婚姻法》第 19 条）的适用在司法实务中会大打折扣。

三、分居协议书属于婚内财产分割协议还是离婚协议

分居协议书的性质是裁判逻辑展开的前提，直接影响遗产范围的认定。笔者认为，该分居协议书应当认定为婚内财产分割协议而非离婚财产分割协议，属于唐某与李某采用了夫妻约定财产制来处理夫妻财产权属问题，理由如下。

第一，从目的解释角度而言，协议书非为离婚而签订。双方在分居协议书中虽陈述了感情破裂的事实，但同时明确强调为避免给孩子带来负面影响，约定采取“离异不离家”方式维系婚姻的法律外观，保持婚姻关系存续，选择以分居作为解决感情、生活问题的方式，并在此基础上对共同财产予以分割。

第二，就文义解释角度来讲，分居协议书避免使用“离婚”字样，代之以“分居”“离异不离家”等用语，明显是为了排除离婚法律效果的出现，而不是解除法律意义上的婚姻关系。既然当事人明确规避离婚事实的发生，不存在离婚意图，则当然不能将协议书定性为离婚财产分割协议。

第三，就法律性质而言，分居协议书符合《民法典》第 1065 条规定的夫妻约定财产制特征。夫妻约定财产制是指夫妻可以合法约定的契约形式决定婚姻财产关系的制度，体现在《民法典》第 1065 条第 1 款：“男女双方可以约定婚姻关系存续期间所得的财产以及婚前财产归各自所有、共同所有或部分各自所有、部分共同所有。约定应当采用书面形式。没有约定或者约定不明确的，适用本法第一千零六十二条、第一千零六十三条的规定。”双方在分居协议书中采用“对财产作如下切割”的措辞，系在不离婚的前提下对夫妻共同财产如何分配作出约定，所以是通过订立夫妻财产契约对婚姻关系存续期间原夫妻法定财产制所作的修正，应认定为夫妻约定财产制契约，系以夫妻约定财产制代替原夫妻法定共同财产制而对双方共有的四套房屋权属进行析产。

四、夫妻约定财产制下的协议不具有直接产生物权变动的效力

原《物权法》第 9 条、第 23 条[1] 规定了法律行为引起物权变动适用的登记或交付的基本规则，同时在每条的最后又规定了物权变动中的例外但书，即“法律另有规定的除外”。那么，原《婚姻法》第 17 条、第 18 条关于两种夫妻财产制的规定是否属于《物权法》中“法律另有规定”的但书情形呢？即男女基于夫妻关系依法取得财产共有权或者基于夫妻之间的协议取得财产所有权，是否不需要履行物权变动的公示方式即可产生物权变动的效力呢？对此，立法留有空白，进而导致司法实务裁判不一。《民法典》实施之后，最高人民法院在相关的权威解读中逐渐统一了对该争议的裁判规则，其对于该问题的裁判路径特别强调应当区分夫妻法定财产制和夫妻约定财产制。

五、关于法定财产制的效力采纳物权效力理论

在法定财产制下，依据我国《民法典》第 1062 条关于夫妻

1. 具体参见《民法典》第224条。

婚后所得共同制的规定，在夫妻双方婚后共同购房时，不论相关房产的产权登记在一方名下或双方名下，均为夫妻共同财产。故原《婚姻法》上法定财产制的效力可以突破原《物权法》的登记要件主义原则及相关规定，这种效力源自原《婚姻法》的规定，源于结婚登记的公示公信力，故无须以物权的登记为生效要件或对抗要件，即将原《婚姻法》第 17 条法定共有权归入原《物权法》第 9 条无须登记即可发生物权变动的但书情形。[1]

在夫妻约定财产制的情况下，当事人的选择范围包括分别财产制、一般共同共有财产制和限定共同共有财产制。若当事人选择分别财产制，即各自所得归各自所有，则财产在当事人之间不会发生物权变动。若当事人选择一般共同共有财产制或限定共同共有制，财产就会发生物权变动，该物权变动的发生也如法定财产制一样无须履行法定的物权变动公示程序吗？物权效力观点认为，在当事人通过夫妻财产约定将婚后所得财产或一方名下的婚前财产约定为双方共有或一方所有时，夫妻双方可以直接依婚姻家庭编的规定，通过物权编但书条款的适用直接取得不动产物

1. 最高人民法院民事审判第一庭.最高人民法院物权法司法解释（一）理解与适用［M］.北京：人民法院出版社，2016：371.

权，而无须经过不动产变更登记。

对此，最高人民法院逐步通过《婚姻法司法解释（三）》第6条，提审钟某某案[1]确立裁判规则，修订《民法典婚姻家庭编司法解释（一）》第32条、第69条等强化统一裁判规则，即再次重申该问题不采物权效力的观点。《婚姻法司法解释（三）》的路径是，在当事人协议将一方的婚前财产约定为双方共有的情形，应当视为一方对另一方的赠与，物权变动应当以登记为要件。在登记完成之前，不仅物权未发生变动，赠与方还可以依《合同法》的规定行使任意撤销权。《婚姻法司法解释（三）》第6条："婚前或者婚姻关系存续期间，当事人约定将一方所有的房产赠与另一方，赠与方在赠与房产变更登记之前撤销赠与，另一方请求判令继续履行的，人民法院可以按照合同法第一百八十六条的规定处理。"钟某某案的裁判规则是基于离婚协议取得的原夫妻共同财产归某一方所有，但未依法办理权属变更登记即房产仍登记在原配偶名下的，该离婚协议约定仅具有债权效力而不具有直接导致物权变动的物权效力。我们从最高人民法院主编的《中华人

1. 钟某某与王某、林某某案外人执行异议纠纷案，载于《最高人民法院公报》2016年第6期。

民共和国民法典婚姻家庭编继承编理解与适用》一书第175页对1065条的解读和新颁行的《最高人民法院民法典婚姻家庭编司法解释（一）理解与适用》第302页对第32条的解读中，均可得出不采物权效力的结论。

从法条文义出发，原《婚姻法》第19条文义上未采“夫妻约定生效后，财产权利归属即发生转移”的内容。故严格依文义解释，不应得出《婚姻法》该条文具有直接转移物权权属的效力。而从《婚姻法司法解释（三）》第6条到《民法典婚姻家庭编司法解释（一）》第32条规定，均特别强调不动产物权变动采登记生效主义原则，最高人民法院认为仅有约定之行为的，并不具有物权方面的内容与效力。

与夫妻法定财产制不同，夫妻约定财产制的内容与指向均取决于夫妻双方的自由意志与自愿协商，其行为虽然属依法行事，但法律效果绝非法律所预先设定。其既无法律的先定效果，又无外人可知晓与信赖的基础（如比较法上较为常见的夫妻财产约定的专项公证或登记制度所补强的公信力），故其无法产生与法定财产制相同的法律效果。

笔者在本案的裁判文书写作中，虽然对此争议问题采取了模糊化处理，但该裁判思维路径是采夫妻约定财产制至少在夫妻之间内部具有物权效力。这属于在无法定依据的情况下，基于婚姻家事案件的价值判断导致的裁判逻辑跳跃。准确地讲，应该是夫妻财产协议约定叠加上离婚或房屋登记方（配偶）死亡，才会产生本案实质性的物权效果。故笔者反思后认为，《物权法》的但书条款并不能成为论证夫妻财产约定具有物权法效力的法律基础。程啸教授特别指出，夫妻财产制契约引起的物权变动是当事人追求的法律后果，属于基于法律行为的物权变动，而非直接依据法律规定发生的物权变动。

律师实务要点

1. 夫妻财产约定对内、对外不具有物权效力，注意给付诉求

《民法典》物权编关于物权变动模式的相关规定再次明确了夫妻财产约定不具有物权效力，不能直接产生物权变动的效果。在具体案件中，根据物权与债权分离、物权行为与债权行为分离的“二元制”基本架构，律师在起草夫妻财产约定或代理涉夫妻财产约定类案件时，注意在立法上没有上升到夫妻法定财产制的高度，故仅能作为债权行为对待夫妻财产约定，权利方取

得的是要求义务方转移该房屋物权的债权请求权，而非物权。最高人民法院在钟某某诉王某、林某某案外人执行异议纠纷案[1]中的裁判规则对此特别予以明确。前文已述，故律师在基于夫妻财产约定的诉请中，不宜直接提请确权，须注意自己的给付诉求。

2. 婚内夫妻财产约定的要式性

婚内财产协议应为书面形式，且订立协议时双方应对财产的范围、种类及归属作出清晰、明确的约定。书面形式不局限于合同书的形式，可以是若干个书面意思表示，该若干个意思表示之间有关联，能够满足合同的成立要件。

3. 夫妻财产约定和离婚协议的区别

离婚协议是指即将解除婚姻关系的夫妻双方所签署的关于财产分割、子女探视、抚养费等的书面协议。离婚协议书须为书面形式，由夫妻双方签字，自双方婚姻关系解除之日起发生法律效力。[2]离婚协议中的财产分

---

1. 钟某某与王某、林某某案外人执行异议纠纷案，载于《最高人民法院公报》2016年第6期。
2. 熊选国.公证理论与实务［M］.北京：法律出版社，2018：190.

割和离婚补偿等内容可能包括将一方个人所有的财产约定给另一方，在双方离婚后对双方均有约束力；而根据《最高人民法院民法典婚姻家庭编司法解释（一）理解与适用》第32条的解读，夫妻财产协议中一般不应包含将一方个人所有的财产约定给另一方所有或共有，且将其性质认定为赠与合同，如该赠与合同未经公证，可以适用《民法典》第658条予以撤销。

4. 注意起草单独的夫妻财产约定，切勿在内容上与离婚协议叠加

法院审判实务中，如发现夫妻财产协议中不仅约定了双方婚后夫妻财产制度的安排，还约定了双方离婚时的财产分割和离婚补偿，则将该协议理解为夫妻财产协议与离婚协议的混合。这是律师起草夫妻财产协议的大忌。法院对此问题的裁判规则是，该混合协议中有关离婚协议的条款系附生效条件的民事法律行为，即在双方离婚时生效；该混合协议的其他条款与夫妻财产协议的性质一致，在双方结婚后立即生效。

5. 婚内夫妻财产约定不得附加违反《民法典》公序良俗的条款

婚姻制度由于更多地涉及人身关系，自治协议限制人格权益的可能性更大。婚内财产协议内容不得附加限制人身自由等违反《民法典》公序良俗的条款，否则该相关条款无效。如夫妻财产约定中含有“谁提离婚，谁便净身出户”的限制离婚自由的条款即属无效。婚姻制度又类似于物权制度，内容有较强的法定性和排他性，故立法者通常针对夫妻关系等法定内容订立为婚姻家庭编的强行性规范，如《民法典》第 1057 条的夫妻职业自由、第 1058 条的子女抚养权、第 1059 条的夫妻扶养义务等。律师在起草协议时须注意这些规范涉及的权利义务均构成婚内协议的自治禁区。

6. 婚内财产协议项下的财产物权确认

婚内财产协议项下的财产应当及时进行物权变更手续，涉及房产等不动产的，应尽快依照《民法典》物权编的相关规定进行权属变更登记。

7. 婚内财产协议仅在夫妻间具有对内拘束力，不得以此作为对抗善意第三人的依据

就内部效力而言，约定对双方具有法律约束力。如双方结婚时就书面约定，婚姻关系存续期间购买的所有不动产（非婚前个人房产），不论登记在谁的名下，一律属于夫妻共同财产。离婚时，法院经审查上述约定没有欺诈、胁迫的情形，当然应当认定约定有效，分割财产时应依照夫妻约定的内容处理，即在处理有关夫妻之间约定的内部纠纷时，不宜以产权登记作为不动产权属的唯一依据，应尊重夫妻之间的真实意思表示。

婚内财产协议的外部效力取决于第三人对夫妻财产约定是否知晓。由于目前我国夫妻之间的财产约定缺乏一个公示平台，外人很难知晓其约定的具体内容。第三人若非明知，则夫妻之间的财产约定不具有对抗第三人的效力，法律应当首先保护善意第三人的利益。这涉及无权处分与善意取得等相关法律制度，在此不作赘述。

陆 — 案外人执行异议之诉之一

拓展知识

从《民法典》第 229 条（原《物权法》第 28 条）角度进行诉讼策略选择以及案由选择等

案例[1]

原告付某某在未过户的房屋被查封后，向上海市第一中级人民法院（以下简称“上海一中院”）执行部门提出异议，其主要理由是，在与第三人的离婚协议中已约定了上述两套房屋的所有权归原告所有，仅未办理过户手续。故要求该法院解除对系争房屋的查封并中止执行。上海一中院执行部门对此依法组成合议庭进行了听证审查，并于2014年6月19日作出（2014）沪一中执异字第7-1号、第7-2号执行裁定书，裁定驳回付某某提出的异议。

原告付某某不服，向上海一中院提起案外人执行异议之诉，

1. 参见上海市第一中级人民法院（2014）沪一中民二（民）初字第3号民事判决书。

案件事实图（见图6-1），一审原告、被告诉辩意见表（见表6-1），当事人举证及质证表（见表6-2）如下。

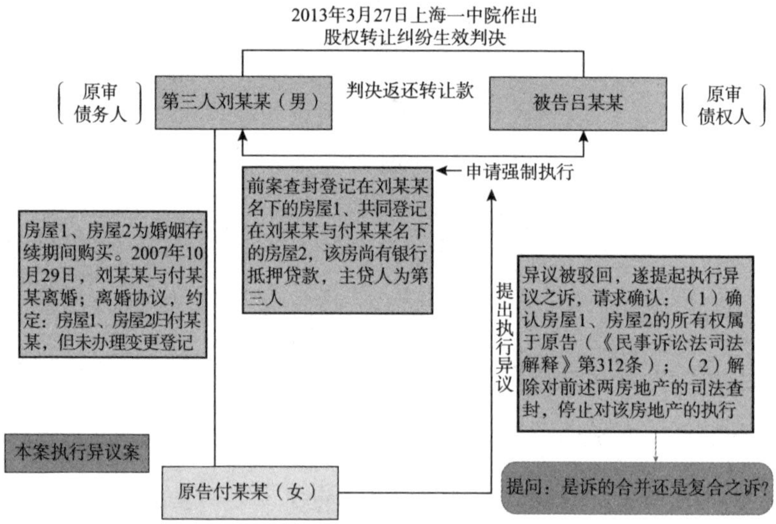

图6-1　案件事实图

表 6–1 一审原告、被告诉辩意见表

原告主张	被告抗辩
原告认为，尽管上述房屋的所有权尚未变更登记至原告一人名下，但已有充分证据证明原告对上述二处房产有合法物权（注：法律意义上，不动产物权需要登记），第三人对被告的债务是其与原告离婚后所发生的个人债务，原告仅是该执行案件的案外人	原告和第三人在离婚协议中的约定不能对抗《物权法》第 9 条和第 14 条的规定。房产权利人要以登记为准，不能因当事人的私自约定而改变，故不同意原告的诉讼请求
注： 1. 原告方具有期待权，即德国法中规定的准物权 2. 比照《关于人民法院民事执行中查封、扣押、冻结财产的规定》第 17 条，通常是可以排除查、扣、冻、强制执行的 3. 钟某某案与本案的大致案情相同，但最高人民法院的裁判意见是排除执行（类案比对援引） 4. 本案肯定有不同于前案的导致法官采取不同裁判的核心点。（隐含追债恶意）	注： 1. 这个问题很复杂。它涉及离婚协议书能否归类为形成性法律文书以及司法实践中是否采纳大陆法系地区所采取的离婚调解书一经作出但不具有物权变动效力的立法例 2. 最高人民法院在司法实践中对于此案件，观点不一，主流观点是夫妻之间的离婚协议，未进行物权变动登记的，在前夫妻之间仅具有债权效力，约定的债权人仅有向其前妻或前夫请求办理物权变动登记的债权请求权。少数观点是，《最高人民法院关于适用（中华人民共和国物权法）若干问题的解释（一）》第 7 条的作者认为，调解书一经作出即具有物权变动的效力［最高人民法院关于适用（中华人民共和国物权法）若干问题和解释（一）》第 217 页］。对此，吴晓芳教授撰文对其商榷 3. 房产要以登记为准，并不精准，基于法律行为的物权变动是登记生效，非基于法律行为的物权变动是登记再处分。所以，对夫妻之间的离婚协议分割物权的，该行为定性特别重要。这是问题分歧点的源头

表 6–2 当事人举证及质证表

原告	被告
证据 1：离婚证，以证明原告与第三人于 2007 年 10 月离婚	对于证据 1 离婚证的真实性没有异议，但对该证据的关联性有异议，婚姻状况应以民政部门出具的证明为准，离婚后还是可以复婚的
证据 2：离婚协议书，以证明原告与第三人于 2007 年 10 月 31 日达成共同财产分配约定，系争两套房屋归女方，第三人获得公司股权，原告取得系争房屋产权有合法依据	对于证据 2 离婚协议的真实性及关联性均有异议，离婚协议是在离婚登记以后签订的，协议所称的松江两套房屋没有具体的门牌号，不能指明就是本案的系争房屋，且全部房产均约定归女方所有不能体现公平原则（辩点没有意义）
证据 3：房地产权证、商品房预售合同、个人住房商业性抵押贷款合同 证据 4：（2014）沪一中执异字第 7-1 号、7-2 号执行裁定书、以证明原告的执行异议申请被驳回、故提起本案案外人执行异议之诉	对于证据 3、4 没有异议
证据 5：居委会居住证明，以证明原告自 2001 年至 2014 年 7 月一直居住在房屋 2 中	对于证据 5 居委会的居住证明的真实性不予认可，其关联性只能证明原告居住在里面，和权属约定没有关系（注：是否可以体现生存权，但其又是两套房屋）

（续表）

原告	被告
证据 6：个人贷款还款凭证，以证明系争房屋贷款是由原告以现金的方式汇入第三人的账户进行还贷	对于证据 6 个人贷款还款凭证的真实性认可，但不能证明原告的举证目的。上面记载的还款时间是在 2014 年 4 月以后，是在原告申请执行异议之后，且在执行异议听证时原告均自认贷款是由第三人归还的。还款凭证上的签字还是第三人，故不清楚贷款是否由原告归还。该证据只是银行出具的还款证明，不能证明原告的观点
证据 7：购房发票，以证明原告已支付了系争 1 房屋首付款	对于证据 7 购房发票的真实性不予认可，也不认可该房屋的首付款是由原告支付的，只能证明原告与第三人共同购买了系争房屋

法院判决

一审法院认为，系争房屋是原告与本案第三人夫妻关系存续期间购买的，根据《婚姻法》第 17 条规定，系争房屋应属原告与第三人的夫妻共同财产。[1]《物权法》第 9 条（现《民法典》第 209 条）明确规定："不动产物权的设立、变更、转让和消灭，经依法登记，发生法律效力；未经登记，不发生法律效力。"[2]双方在离婚协议中约定上述房屋产权均归原告所有，这是第三人对自己在系争房屋产权中所拥有份额的处分。该处分行为未经产权变更登记并不直接发生物权变动的法律效果，也不具有对抗第三人的法律效力。就该行为可以有两种解读，如图 6-2 所示。

1. 《婚姻法》第17条系法定共有，本案是物权的分割，不是转让，更不是赠与。
2. 这是基于法律行为的物权变动生效要件，如果离婚协议被界定为非基于法律行为的形成性文书，则适用《物权法》第9条的但书规定。

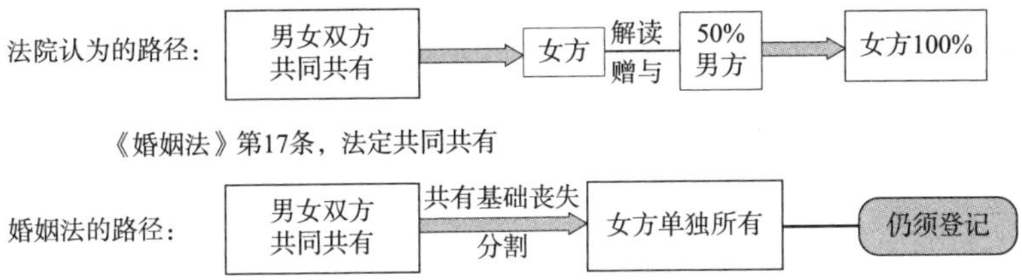

图 6-2 在离婚协议中约定系争房产归属的解读

因系争房屋的产权未发生变更登记，第三人刘某某仍为系争房屋的登记产权人，其在系争房屋中的产权份额尚未变动至付某某名下，故在刘某某对外尚存未履行债务的情况下，被告吕某某作为第三人刘某某的债权人要求对刘某某名下的财产予以司法查封并申请强制执行符合法律规定。

原告依据离婚协议书对系争房屋产权的约定，要求确认系争房屋的所有权属其所有，并要求解除对系争房屋的司法查封、停止对系争房屋执行的诉讼请求于法无据，法院不予支持。由此法院作出一审判决，驳回原告付某某的诉讼请求。此处对两个公报案例进行了对比（见图 6-3）。

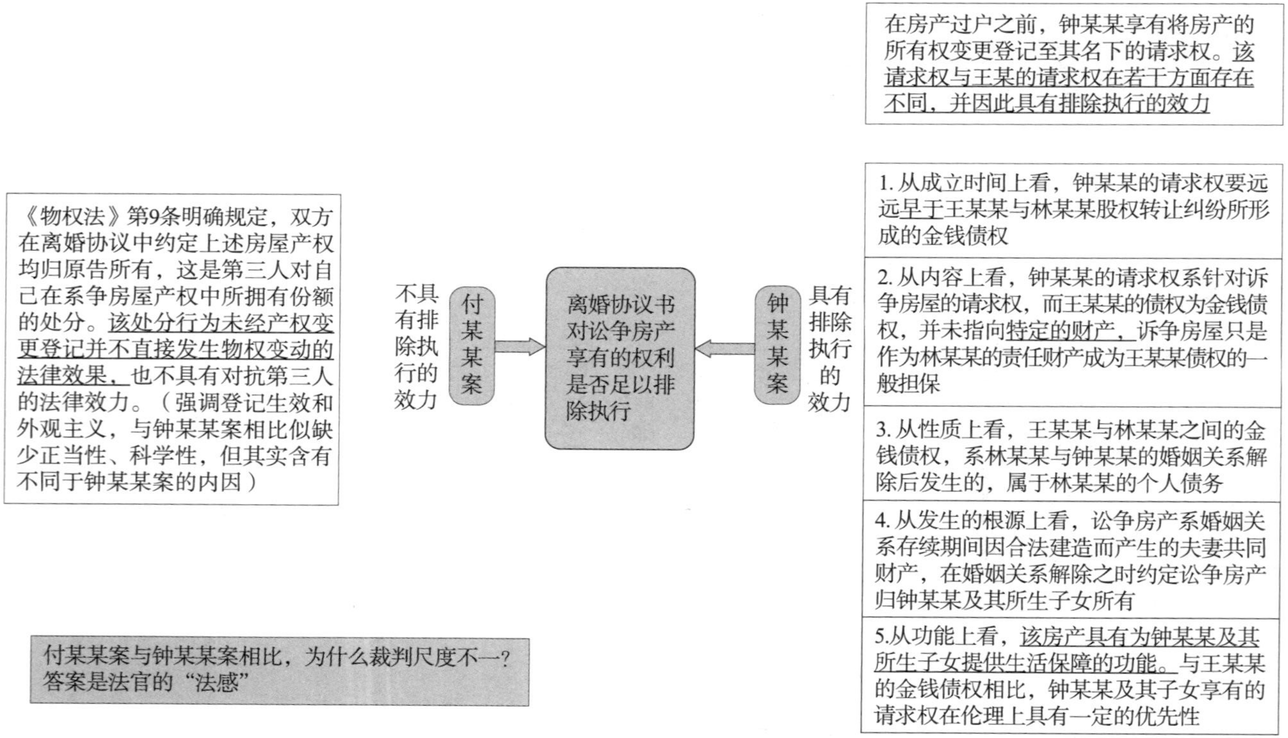
在房产过户之前，钟某某享有将房产的所有权变更登记至其名下的请求权。该请求权与王某的请求权在若干方面存在不同，并因此具有排除执行的效力
《物权法》第9条明确规定，双方在离婚协议中约定上述房屋产权均归原告所有，这是第三人对自己在系争房屋产权中所拥有份额的处分。该处分行为未经产权变更登记并不直接发生物权变动的法律效果，也不具有对抗第三人的法律效力。（强调登记生效和外观主义，与钟某某案相比似缺少正当性、科学性，但其实含有不同于钟某某案的内因）
不具有排除执行的效力
付某某案
离婚协议书对讼争房产享有的权利是否足以排除执行
钟某某案
具有排除执行的效力
1. 从成立时间上看，钟某某的请求权要远远早于王某某与林某某股权转让纠纷所形成的金钱债权
2. 从内容上看，钟某某的请求权系针对诉争房屋的请求权，而王某某的债权为金钱债权，并未指向特定的财产，诉争房屋只是作为林某某的责任财产成为王某某债权的一般担保
3. 从性质上看，王某某与林某某之间的金钱债权，系林某某与钟某某的婚姻关系解除后发生的，属于林某某的个人债务
4. 从发生的根源上看，讼争房产系婚姻关系存续期间因合法建造而产生的夫妻共同财产，在婚姻关系解除之时约定讼争房产归钟某某及其所生子女所有
5.从功能上看，该房产具有为钟某某及其所生子女提供生活保障的功能。与王某某的金钱债权相比，钟某某及其子女享有的请求权在伦理上具有一定的优先性
付某某案与钟某某案相比，为什么裁判尺度不一？答案是法官的“法感”

图 6–3　公报案例对比

理论·实务

《民法典》第229条（原《物权法》第28条）结合诉讼实务的相关解读

一、调解书不能直接引起物权变动

我国现行法上，人民法院和仲裁委员会在审理案件中都可以调解结案。原《物权法》第28条所规定的导致物权变动的法律文书是否包括法院调解书，在理论上存在争议。

《最高人民法院物权法司法解释（一）理解与适用》的作者在第218页对此持肯定观点。其证成逻辑是，调解书亦为法定法律文书，引起物权变动的法律文书应该包括调解书。原《物权法》第28条规定采纳调解书能够直接引起物权变动的观点，这与《物权法》起草者的观点一致。一方面，法院调解书是人民法院行使审判权的一种表现与结案方式；另一方面，法院调解书具有与法院判决同等效力。从这个角度观察，似乎应当肯定法院调解书也是原《物权法》第 28 条（现行《民法典》第 229 条 ）“法律文书”的题中之义。

持否定观点的学者认为，调解书虽然与确定判决具有同一效力，但就物权变动事项所作的调解，尚无与形成判决同一的形成力，因此，调解书不能直接引起物权变动。法院调解书是对当事人之间所达成调解协议内容的确认，在性质上包含当事人意思自治与自由处分的因素，[1] 这又与作为第 28 条主要内容的形成诉权不相符。调解书是不是原《物权法》第 28 条中“法律文书”的一个类别取决于法院调解书是否具有直接导致物权变动的效力，即法院调解书是否如形成判决一样具有形成力。形成力是法院判决效力中极为特别的一类，产生形成力需要有民事实体法与程序法直接和明确的规定。从比较法角度观察，德国民事实体法中关于形成诉权的规定仅允许权利人以诉的方式通过法院的判决实现形成权，从而排除法院的其他法律文书产生形成力。与德国法不同，我国关于形成诉权的规定并未明确需要法院以判决的方式作出具有形成力的裁判，从而为调解书是否具有形成力的争论埋下伏笔。

1. 张卫平.民事诉讼法［M］.2版.北京：法律出版社，2009.

虽然调解书是法院行使审判权的一种方式，并且被规定为与法院判决具有同等效力，然而调解书的法律性质依旧与法院判决有实质差别。无论在既有调解协议基础上作出的调解书还是由法院直接作出的调解书，在性质上都是对当事人合意的确认，以此与法院判决相区别。然而，法院调解书中的意思自治成分却与形成诉权以及形成力理论相矛盾。[1]

正因为形成诉权对相关人及社会利益的重大影响，法律才明确规定当事人行使此类权利必须以法院形成判决为要件，因此是否存在形成诉权需要法官的独立判断，而不是法官对当事人合意的确认。综合以上考虑，原《物权法》第 28 条“法律文书”原则上并不包含法院调解书。

《九民会议纪要》第 44 条的解读也从侧面支持了否定论的观点。由于原《物权法》第 28 条没有明确将调解书排除在外，故持肯定观点的学者认为，以物抵债调解书也可以发生物权变动的效力。由于物权具有对抗第三人的效力，实践中大量出现当事人利用以物抵债调解书对抗债权人申请的强制执行或者主张优先保

1. 张卫平.转换的逻辑——民事诉讼体制转型分析［M］.修订版.北京：法律出版社，2007.

护的情形。当事人甚至采取提起虚假诉讼并达成以物抵债调解协议且要求法院出具调解书，从而阻止其他人民法院的强制执行或者获得优先保护。考虑到以物抵债调解书可能会给其他债权人的利益带来极大威胁，《九民会议纪要》第 44 条特别规定，在当事人没有履行标的物的交付义务时，人民法院在诉讼阶段不应制作以物抵债调解书。同时，《九民会议纪要》对该条的解读进一步确认，鉴于调解书是对债权性质的以物抵债协议的确认，当事人据此仅享有请求另一方履行调解书确定的交付抵债物的权利。另一方不履行调解书所确定的义务的，当事人可申请强制执行，但不能直接请求确认对抵债物享有所有权。由此可见，以物抵债调解书并非原《物权法》第 28 条规定直接导致物权变动的法律文书，不能直接发生物权变动的法律效果。《九民会议纪要》第 44 条的解读实质上起到了对《最高人民法院物权法司法解释（一）理解与适用》第 208 页观点的纠正。

本质上，调解书的制作以当事人达成调解协议为前提，体现的主要是意思自治，公权力的色彩很弱，没有广泛的形成力，故调解书原则上不属于能够直接引起物权变动的法律文书。不仅以物抵债调解书，所有情形下的调解书（包括离婚调解书）都是人民法院对当事人所达成调解协议的确认，本质上是公权力对私人合意的确认。

由于调解协议只能约束当事人，也只能解决当事人之间的争议，不能对第三人产生不利影响，故调解书只能对双方当事人具有约束力，不具有对世的效力，不可能解决当事人之间物权权属争议的对世性纠纷。既然调解书不能解决权属争议，当然也不能直接引起物权变动。根本原因在于物权是对世权，一旦法院对物权归属关系的双方私的合意进行确认，就可能影响甚至侵害第三人的利益。

总之，调解书只是人民法院对调解协议的确认，不能直接引起物权变动。[1] 依据形式主义物权变动模式的要求，在当事人已经达成调解协议并经人民法院制作成调解书的情况下，涉及物权变动的，仍需要当事人履行法定的公示方式，如不动产登记。也就是说，权利人取得的仅是请求义务人履行过户登记的债权请求权，调解协议仅在当事人之间产生债权债务关系。《民法典》第597条规定，物权如要发生变动，除了调解协议本身合法有效且履行法定公示程序，还需要当事人对标的物享有处分权，否则物权无法发生变动。由于调解书仅仅是法院对调解协议的确认，至于当事人是否具有处分权，并非人民法院审查确认的对象。因此，在当事人达成调解协议并经人民法院制作调解书的情况下，

1. 谢在全.民法物权论：上册［M］.北京：中国政法大学出版社，1999：95.

即使当事人已经履行了调解书所确定的义务（如办理了过户手续），但如果处分标的物的当事人并非真正权利人，且相对人不成就《民法典》第 311 条善意取得的情形下，真正权利人仍有权请求人民法院确认权属，而无须受到该调解书的约束。

二、只有形成判决才能导致物权变动

在所有的判决类型中，只有形成判决才可以导致物权变动。针对形成之诉所作的判决就是形成判决。

所谓形成之诉，是指原告请求法院变动或消灭其与对方当事人之间现存的民事法律关系的诉，因此，形成之诉又称“变更之诉”。形成之诉以原告享有形成权为基础。在实体法上，权利人以自己单方面的意思表示就可以使现存的民事法律关系的效力发生、变更或消灭的权利就是形成权，如追认权、撤销权、解除权等，该权利行使可以直接导致一定法律状态的变动。若该状态是物权，形成权的行使就会导致物权发生变化。通说认为，只有形成判决才具有形成力。形成力又称创设力，是指形成判决所具有的导致民事法律关系发生变动的效力或作用。这种形成力的产生机理在于形成权理论，其逻辑关系表现为“形成权—形成诉权—

形成之诉—形成判决—形成力”。[1]

形成之诉的目的是通过创设一种新的法律状态改变现存的法律状态。形成判决一旦生效，形成判决所裁判的民事法律关系就会发生变动，即形成判决一旦正式发生法律效力，无须强制执行就能使以前从未存在的法律关系发生或者使已经存在的法律关系变更或消灭，这一特征就是形成判决的形成力。权利人通过诉讼的方式行使形成诉权的，其诉讼构成形成之诉，法院对形成之诉所作的判决即为形成判决。形成判决确定后，即在当事人之间产生民事法律关系变动的效力，就是形成力。

因此，形成判决具有设权性或权利变更性，在其变更的法律状态是一种物权时，就符合了原《物权法》第 28 条对法律文书效力的要求。因此，通说认为，形成判决可以导致物权的变动。

图 6-4 是笔者总结的一张法感图，可以帮助大家梳理案件思维逻辑关系。

1. 张卫平.民事诉讼法［M］.3版.北京：中国人民大学出版社，2015：141.

逆向思维起点：目光的循环往复

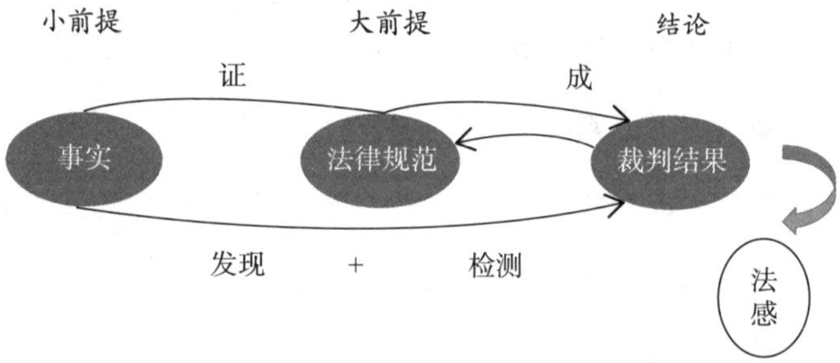

图 6-4　法感示意图

三、域外立法例

域外物权立法中，不是所有国家和地区都规定了法律文书可以导致物权变动。《瑞士民法典》是大陆法系民法中最早有此类规定的，其中的相关规定包括：第一，取得土地所有权，须在不动产登记簿登记；第二，取得人在先占、继承、征收、强制执行或法院判决等情况下，得在登记前取得所有权。但是，非在不动产登记簿上登记，不得处分土地。

1. 法源：域外立法列明种类

域外立法与我国立法的不同之处表现在以下两个方面。

（1）原《物权法》第 28 条只是原则规定了法律文书可以导致物权变动，但并没有列举具体类型，在司法解释中虽有列举，但属不完全列举。而《瑞士民法典》采用列举的方式详细列明了哪些种类的判决可以导致物权变动。

（2）能够导致物权变动的法律文书的范围不同。相比之下，我国原《物权法》第 28 条规定的能够引起物权变动的法律文书的范围更广、种类更多，其包括了人民法院的判决书、裁定书、调解书，仲裁委员会的裁定书、调解书等。而《瑞士民法典》仅规定了因"法院判决"导致物权变动的情形，并未规定法院其他形式的法律文书以及仲裁委员会的法律文书可以导致物权变动。

2. 域外立法仅限于不动产

因法律文书导致的物权变动的物权类型不同。原《物权法》第 28 条规定了因法律文书导致的物权的设立、变更、转让和消灭，这里所说的物权的"物"包含了动产和不动产两种物的形态。而《瑞士民法典》仅仅规定了不动产物权可以因生效的法律文书取得，并未规定动产物权可以因生效的法律文书发生变动。显然，我国原《物权法》第 28 条中物的适用范围大于《瑞士民法典》及其他比较法上规定的范围。

依据我国原《物权法》第 28 条的规定，因法律文书导致物权变动的，只要法律文书生效，无须公示（登记或交付），该物权变动的效力立即发生。如前所述，法律文书导致物权变动并非基于法律行为的物权变动，是基于公法行为的行使而使物权发生变动的情形。这种物权变动的方式遵循的是法律的直接规定，而无须遵循一般的物权公示公信原则，公示公信原则适用于基于法律行为导致的物权变动。为何在此情况下，公示不作为物权变动的要件，其法理依据是什么？对此问题，理论界存在两种观点：第一种观点是“法律文书效力说”，依据该说，这是基于维护生效的法律文书权威的需要；第二种观点是“公示替代说”，此说认为人民法院和仲裁委员会的法律文书本身就是一种公示，因而没有必要再以登记或交付作为物权变动的生效要件。

3. 法律渊源

《瑞士民法典》是大陆法系民法中最早对因法律文书导致的物权变动作出规定的民法典。其第656条第2款规定，取得人在先占、继承、征收、强制执行或法院判决等情况下，必须在登记前取得所有权。但是，非在不动产登记簿上登记，不得处分土地。《韩国民法典》第187条规定，因继承、公用征收、判决、拍卖及其他根据法律规定所发生的不动产物权的取得，无须登记。但未经登记的，不得处分。[1]

有观点认为，引起物权变动的法律文书仅指判决，不含调解书。各地关于引起物权变动的法律文书的范围不同。瑞士、韩国的民法典仅规定了因“法院判决”而取得不动产物权的情形，并未对因法院其他形式的法律文书，以及仲裁机构法律文书导致的物权变动加以规定。但瑞士的民法理论学说认为，法院的和解书、自认书以及仲裁机构的裁决，也可以如同《瑞士民法典》第656条规定的法院判决那样，使权利人直接取得不动产物权。

律师实务要点

1. 基于离婚调解书的不当诉请

实践中，不少律师主张自己的当事人依据其离婚调解书取得某不动产物权（登记在其前配偶名下），并以此为由认为自己应该获得优先保护或者可以对抗其他债权人的强制执行。问题是，现在司法实务通说是离婚调解书不能引起物权变动。所以，律师需要注意该知识点。同时，不宜在此情形下，即房产登记在前配偶名

1. 程啸.因法律文书导致的物权变动[J].法学，2013（1）：77.

下，该配偶根据离婚调解书有履行协助过户的给付义务时，自己却在执行异议之诉中直接提请确权之诉，如上述案例中原告付某某的不当确权诉请。

另外，在双方在民政部门办理协议离婚的情形下，离婚协议约定登记在配偶名下的房产归对方所有，但该登记权利人（给付的义务人）却不协助办理过户手续时，也不宜在法院直接提起确权之诉。法理同上，此时其对前配偶具有请求其履行给付义务的债权请求权，不是物权人，故不能提起物权确权之诉。那么，此种情形下，权利人如何救济自己的权利呢？其只能在离婚后财产纠纷案由项下提起一个新案子，在取得执行名义后期待对方主动履行过户手续或在其不履行时申请法院强制执行。

2. 买受人的不当确权诉请

需要特别指出的是，在当事人依据买卖合同或者其他受让合同提出的请求法院确认物权的案件中，由于动产与不动产的物权变动规则不同，法院应当区别对待。就动产而言，交付行为原则上是动产物权变动的生效要件，当动产买卖合同的买受人已经受领交付，而请求法院确认其对动产的物权时，法院可以直接作出确认判决。

但就不动产而言，我国《民法典》第209条（原《物权法》第9条）原则上以登记为物权变动的生效要件，且物权变动之效力自记载于不动产登记簿时发生。因此，对于那些并未完成不动产所有权转移登记或其他相应登记的受让人而言，他们并非物权人，即便他们请求法院确认其物权，法院也不能作出确认物权的判决，而应当判决登记义务人履行登记义务，从而使买受人或受让人成为物权人。此点，律师在诉讼实务中需要切记。

3. 原《物权法》第28条的法律文书不包含确认性法律文书

确认之诉是指原告请求法院确认其与被告间存在或不存在某种民事法律关系的诉。在确认之诉中，当事人只能请求法院确认其与对方当事人之间是否存在某种法律关系，并不能要求判令对方履行某一民事义务。当事人之间没有行使权利与履行义务之争，法院的裁判不存在执行问题。由于确认之诉仅就某种权利或法律关系以及事实的存在与否予以宣告，从而其根本不能导致任何权利的变动。

就物权确认而言，确认之诉是对支配权的诉讼保护形式。由于物权确认是对权利支配状态的确认，而非权利存在状态的变动，而原《物权法》第 28 条所指的法律文书应具备变动权利功能，因此，原《物权法》第 28 条所指的法律文书不包括确认性法律文书。梁慧星教授在解读原《物权法》第 28 条时曾举例："法院审理产权争议案件，最后判决争议房屋归李四所有，自判决生效之时李四就得到了该房屋的所有权，亦即自判决生效之时争议房屋的所有权就自动移转于李四名下。"[1] 笔者认为，这种解读是错误的。以司法实践中最常见的因不动产登记错误导致的确权案件为例，若甲的房屋错误登记在乙的名下，甲提起所有权确认之诉，法院判决确认该房屋归甲所有。此判决并没有引起物权变动，因为房屋本来就属于甲所有，并非通过法院判决将房屋所有权从乙转移至甲，乙自始至终不是该房屋的所有权人。法院判决后，甲可以依照不动产登记的相关规定，持该法律文书要求登记机构进行更正登记。就不动产登记而言，确认之诉对应的系更正登记，而非转移登记，而只有转

1. 梁慧星.《物权法司法解释（一）》解读 [J].法治研究，2017（1）：3.

移登记才会引起物权变动，故确认判决不能引起物权变动。

4. 确认物权变动合同无效或撤销该合同的法律文书不是原《物权法》第 28 条规定的法律文书

引起物权变动的法律文书主要包括：一是允许债权人撤销债务人与他人之间的物权变动合同的法律文书；二是共有动产或不动产的裁判分割文书。而确认物权变动合同无效的判决不属于形成判决，理由如下。

（1）请求确认合同无效虽然必须以诉讼或仲裁的方式提起，但其本身是消极确认之诉而不属于形成之诉的范畴，该类判决也不属于形成判决。因为存在合同无效的情形时，合同双方当事人均可以提起合同无效之诉，而形成权不可能由双方同时享有。

（2）形成诉权的行使以一方当事人主张为前提，若当事人不主张，法院不能进行审查，但是对于合同无效，法院则可依职权主动进行审查。

（3）形成判决是法院对当事人之间已经存在的民事实体法律关系作出变更的判决。

由于我国《物权法》所规定的物权变动模式原则上采债权形式主义，物权变动又不采德国的物权无因性，在合同无效的情形下，物权自始未变动，故法院确认债权合同无效，并非消灭或变更现有的法律关系。例如，房屋已经过户到买受人名下，此后房屋买卖合同被确认无效，此时物权应视为自始未变动，即买受人从未取得房屋所有权，而非自确认无效后房屋所有权自买受人重新转移到出卖人。由此可见，确认物权变动合同无效之诉与撤销该合同之诉性质不同。

当然，由于我国物权法不采德国物权变动无因性，无论合同被确认无效还是被撤销后，出卖人均可依物上请求权请求返还原物或进行更正登记，但合同被确认无效或被撤销之前，若买受人将标的物再行处分，在是否构成无权处分上将有所不同。合同被确认无效之前的处分属于无权处分，合同被撤销之前的处分则是有权处分。[1]此点，律师在诉请时也需要注意自己的请求权基础，

1. 王明华.论《物权法》第28条中“法律文书”的涵义与类型［J］.法学论坛，2012（5）：86.

以物权请求权基础为上，尤其涉及与破产程序的衔接。

5. 给付判决不导致物权变动

给付判决也不能导致物权变动。给付判决是针对给付之诉作出的，即命令被告为一定之给付。例如，买受人甲与开发商乙签订了房屋买卖合同，乙在收取了甲支付的全部购房款后违约，不愿配合办理房屋所有权转移登记和交付。甲起诉请求法院判决乙履行该房屋买卖合同过户义务并支付违约金。法院判决出卖人乙履行买卖合同过户义务（包括支付违约金），该判决就是典型的给付判决。与确认判决不同，给付判决具有执行力，义务人若拒绝履行给付性生效法律文书，权利人可以向法院申请强制执行。因此，给付判决中的过户仅仅是为了实现“已经存在的法律关系或法律状态”，而非改变既存的法律关系或状态，给付判决本身并没有引起物权的设立、变更、转让或消灭。给付判决只是通过国家的强制力实现既存的买卖或其他法律关系，如履行当事人之间已经有效成立的买卖合同、赠与合同等。这个既存的法律关系才是导致物权变动的真正原因。

上例中，无论乙主动履行给付判决进行过户，还是法院强制执行请登记部门协助执行，房屋所有权转移的效力都是自不动产登记完成之后发生的。如果认为只要给付判决生效，物权就发生了变动，不仅违背了给付判决的性质，也抹杀了物权、债权的界限，忽略了物权变动中当事人的意思表示，更进一步，还会破坏物权登记的公示公信原则，使登记和交付无法起到公示的作用，最终损害物权交易的安全与效率。[1]

6. 离婚诉讼判决涉及的不动产分割不是形成诉讼

原《物权法》第28条“法律文书”的范围被限定在人民法院作出的形成判决或仲裁机构作出的具有形成力的裁决。然而，无论哪些形成判决或形成裁决可能产生变动物权的效力，都需要进一步分析与讨论。

有观点认为，可能导致物权变动的法律文书包括：离婚诉讼中确认当事人一方享有某项不动产的判决、分

1. 参见大连羽田钢管有限公司与大连保税区弘丰钢铁工贸有限公司、株式会社羽田钢管制造所、大连高新技术产业园区龙王塘街道办事处物权确认纠纷案，最高人民法院（2011）民提字第29号民事判决书。

割不动产的判决和使原所有权人回复所有权的判决。[1]从民事程序法理论出发，离婚诉讼中确定当事人一方享有某项不动产的判决和分割不动产的判决并非形成判决。我国婚姻法在诉讼离婚之外也认可协议离婚，因此并不符合形成诉权仅能向法院起诉或财产权案件中申请仲裁机构裁决的条件限定。即便认可离婚诉讼是形成诉讼，形成判决的作用范围也仅限于婚姻关系的解除，婚姻共同财产的分配依旧有赖于双方当事人的协商。法院对财产分配的判决是对财产请求权的确认，而非直接以判决变动物权关系。因此，同一判决书中可能既包含形成判决内容，也包含给付判决内容，需要根据具体案件进行分析与鉴别。

同样，分割不动产也缺乏明确的形成诉权法律规定，并且分割依然基于当事人之间的协议或主张，并非法院以公权力对不动产进行分割。由于我国民事法律不承认物权行为，原因行为被撤销之后，所有权将自动回复到原所有权人，因此，我国使原所有权人回复所

1. 胡康生.中华人民共和国物权法释义［M］.北京：法律出版社，2007.

有权的判决确实会产生物权变动效力。基于此，原《物权法》第28条中“法律文书”的范围可以被进一步限定在使原所有权人回复所有权的法院判决或仲裁裁决。[1]此点对律师的提示是：基于法院的离婚判决书或调解书，前配偶须将其名下的不动产基于离婚协议登记在其配偶名下，其对案涉房产享有的权益基于该离婚协议的履行，该项权益本质上属于债权，并不属于物权。律师直接在执行异议之诉中一并提请请求确权，缺乏法律依据，人民法院未予支持并无不当。权利人要求义务人前配偶办理过户手续的诉请属于双方之间基于离婚协议书的履行纠纷，不属于执行异议之诉的审理范围，法院在该案由下不予支持。

7. 错误的案例

在司法实践中，不少法院错误地将给付判决生效之时作为物权变动之时。例如，在一个案件中，法院认为：“河南省郑州市中原区人民法院于2007年3月16

1. 任重.形成判决的效力——兼论我国物权法第28条［J］.政法论坛，2014（1）：54.

日作出的（2007）中民一初字第568号民事判决书，判决陈某某于判决生效后10日内协助宋某某办理位于郑州市中原区赵庄街×号院×号楼中单元×层××号房屋过户手续，陈某某不服原判向本院提起上诉，本院于2007年9月4日作出（2007）郑民二终字第1013号民事判决书，判决驳回上诉，维持原判。”对该事实，双方均无异议，法院予以认定。根据《物权法》第15条[1]、28条的规定……两份生效判决均要求陈某某协助宋某某办理过户手续，对于该争执房屋的所有权已经确认，属宋某某所有。[2]

1. 具体参见《民法典》第215条。
2. 赵某某与宋某某房屋买卖纠纷上诉案，河南省郑州市中级人民法院民事判决书（2009）郑民二终字第1202号。

柒 — 案外人执行异议之诉之二

拓展知识

法官审理执行异议之诉的裁判思维、离婚赠与协议、子女有无诉权等

案例

一、当事人

上诉人（原审原告）：李某（未成年人）

法定代理人吕某，系原告母亲

被上诉人（原审被告）：杨某某

被上诉人（原审第三人）：李某某（李某父亲）

二、案件事实

上诉人李某因与被上诉人杨某某、李某某案外人执行异议之诉一案，不服广东省深圳市龙岗区人民法院（2017）粤0307执异119号民事判决，向本院提起上诉。本院于2018年8月16日立案后，依法组成合议庭审理了本案，现已审理终结。

李某上诉请求如下。

（1）依法撤销一审判决。

（2）确认李某某持有的深圳市福田区××栋×××房产的50%产权份额为李某所有，判令李某某协助办理该房屋的过户手续（能否提起确认之诉）。

（3）判令解除对该房产的查封，并停止对该财产的执行（异议之诉的主诉请）。

（4）本案一切诉讼费用由杨某某、李某某承担。

李某上诉请求的事实和理由：一审第一项诉求为请求确认李某某持有的深圳市福田区××栋×××房产的50%产权份额为李某所有，判令李某某协助办理该房屋的过户手续。一审法院适用原《物权法》第9条及《执行异议和复议规定》第25条的有关规定，与李某本项诉求无关。一审法院关于李某据此获得该财产的性质法理上属于李某某对李某的赠与……李某及其法定代理人吕某在没有依据离婚协议办理产权变更登记之前，离婚协议约定属于李某所有的登记在李某某名下的财产份额，仍属于李某某所有，而不属于李某所有的判决理由与判决结果自相矛盾，且没有回应李某此项诉求。从其判决理由可知，李某可以依据离婚协议要求李某某办理产权变更登记，李某向李某某积极主张过户请求权但因李某某的恶意阻拦而未能实现，这也是李某向法院提起诉讼的原因。

一审法院适用法律错误，理由如下。

（1）《合同法》第2条第2款明确规定："婚姻、收养、监护等有关身份关系的协议，适用其他法律的规定。"合同法以交易关系为调整对象，是维护社会经济秩序、规范市场交易的基本法律。而本案离婚协议中有关财产赠与的条款，属于李某法定代理人吕某及李某某关于离婚财产分割的协议条款，是与婚姻关系、子女抚养、居住等身份关系密切相关的协议，以解除婚姻关系为前提，从性质上不属于交易行为，而属于离婚协议不可分割的一部分，故本案离婚协议不可适用《合同法》有关赠与的规定。

（2）原《婚姻法司法解释（二）》第8条（即《民法典婚姻家庭编司法解释（一）》第69条）规定，离婚协议中关于财产分割的条款或者当事人因离婚就财产分割达成的协议，对男女双方具有法律约束力。也就是说，离婚协议不同丁普通的协议，对于李某某具有约束力，其应当履行变更产权过户登记义务，李某的有关要求李某某配合办理过户登记的请求权应当受到法律保护。

一审判决驳回李某第二项诉讼请求适用法律亦错误。李某一审第二项诉求为请求判令解除对该房产的查封，并停止对该财产的执行。一审法院裁判理由是案涉房产登记在李某某名下，应当适用《最高人民法院关于人民法院民事执行中查封、扣押、冻结财产的规定》，并认为一审法院将案涉房产予以查封、处置符合法律规定；但一审法院未对本案重点，即没有对李某是否享有足以排除强制执行的民事权益作出认定。根据《民事诉讼法司法解释》第312条[1]第1款第1项“案外人就执行标的享有足以排除强制执行的民事权益的，判决不得执行该执行标的”的规定，民事权益应为实体权利，其权利性质并非唯一决定因素，即一审法院不能仅根据案涉房产的登记情况进行认定。李某依据离婚协议所享有的要求李某某办理过户变更登记的债权请求权属于足以排除强制执行的民事权益，理由如下。

（1）李某享有的上述请求权为实体权利，杨某某申请的强制执行妨害了李某实体权利的实现，李某对于杨某某在法律上没有任何需要忍受其妨害行为的理由。

（2）李某享有的上诉请求权对应的权益更接近案涉房产，在价值考量方面，其对应的实体权益更应得到法律保护。首先，离婚协议不存在恶意串通逃避债务的情形。其次，杨某某的债权为金钱债权且为登记所有权人李某某的个人债务。杨某某的债权并

1. 2022年《民事诉讼司法解释》修正后，本条变更为第310条。

不指向本案特定的房产，而李某的请求权基于该房产产生。然后，李某已在一审法院采取执行措施前占有、使用该房产，即以一定的方式对外宣示了权利。最后，李某对于未办理过户登记手续不存在过错，系因李某某不予协助导致未及时办理过户登记。本案的具体情况显示，李某所主张的权利属于足以排除杨某某强制执行的民事权益，应当予以支持。

裁判思维

一、一审判决

该案审理主要依据是2011年10月19日最高人民法院颁布的《关于执行权合理配置和科学运行的若干意见》的通知（法发〔2011〕15号）第26条规定，即审判机构在审理确权诉讼时，应当查询所要确权的财产权属状况，发现已经被执行局查封、扣押、冻结的，应当中止审理；当事人诉请确权的财产被执行局处置的，应当撤销确权案件；在执行局查封、扣押、冻结后确权的，应当撤销确权判决或者调解书。该条规定明确了被采取执行强制措施的财产排除另案确权。

一审法院查明：根据李某提交的离婚协议书、出生医学证明、离婚证等证据，可以证实：①吕某与李某某曾是夫妻关系；②李某是吕某和李某某的婚生子；③ 2015 年 4 月 13 日，吕某与李某某登记离婚。吕某与李某某离婚时签订了一份离婚协议，该协议约定，儿子李某由女方抚养，男方不承担抚养费，直到孩子完成高中教育阶段止；双方位于深圳市福田区 × 栋 × × × 房产登记在双方名下，系双方共同财产，各占有 50% 的份额；离婚后，未还完的银行贷款由女方承担，男方将所持该房产 50% 的份额过户给儿子李某，由女方与儿子居住；男方应配合女方办理产权变更登记手续，因办理产权变更登记手续所应支付的一切税费由女方承担。

根据李某提交的一审法院作出的且已经生效的（2016）粤 0307 民初 18503 号民事判决书和同案号的民事裁定书，可以证实如下情况：① 2016 年 10 月 25 日，李某某向杨某某借款 25 万元，双方签订一份借款合同，约定了借款金额、利率和期限等；②因李某某未按期偿还借款，杨某某向一审法院起诉，主张李某某和吕某共同偿还借款本金、利息和律师费等，杨某某在起诉时，依法申请了诉讼保全，查封了李某某名下的位于 ×× 栋 ××× 房产 50% 的份额（房产证号：30××88，吕某与李某某各占 50% 的份额）；③一审法院在查明事实后，认定借款属于李某某个人债务并依法作出上述判决。

根据李某提交的福田区人民法院的受理案件通知书和（2016）粤 0304 民初 24681 号民事裁定书，可以证实如下情况：① 2016 年 10 月 27 日，李某向福田区人民法院起诉李某某，要求进行案涉房产的所有权确认和配合过户，并于诉讼过程中申请了查封；②因福田区人民法院落实的查封程序在一审法院诉讼保全查封案涉房产之后，福田区人民法院依法驳回了李某的起诉。

一审法院认为，本案为执行异议之诉案件。李某主张的登记在李某某名下的位于深圳市福田区 ×× 栋 ××× 房产 50% 的产权属于李某所有、李某某协助李某办理该房产的过户手续的诉讼请求，于法无据，依法不予支持，理由如下（见图 7-1）。

第一，原《物权法》第 9 条（《民法典》第 209 条）规定“不动产物权（基于法律行为）的设立、变更、转让和消灭，经依法登记，发生效力；未经登记，不发生效力”；《最高人民法院关于人民法院办理执行异议和复议案件若干问题的规定》（以下简称

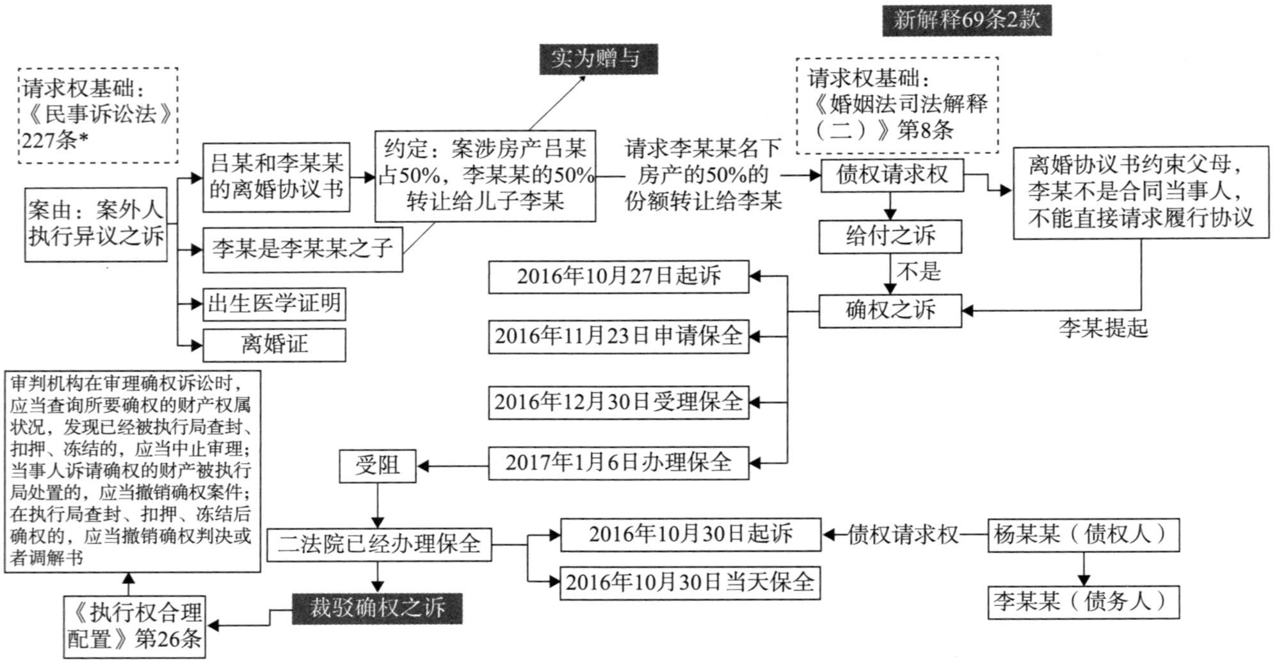

图 7–1　一审法院审理思路图

注：*2021 年《民事诉讼法》修正后，本条变更为第 234 条。

《执行异议和复议规定》）第 25 条第 1 款第 1 项规定“对案外人的异议，人民法院应当按照下列标准判断其是否系权利人：（一）已登记的不动产，按照不动产登记簿判断……”。本案中，一审法院查封的位于深圳市福田区 ×× 栋 ××× 房产 50% 的份额一直登记在李某某名下，故该房产的所有权仍属于被执行人李某某。

第二，本案中，李某主张对上述房产享有所有权的依据是吕某和李某某签订的离婚协议。一审法院认为：①吕某和李某某在离婚协议中约定的案涉房产产权的归属，在没有办理产权过户之时，只对吕某和李某某之间具有法律上的约束力，不具有对抗李某某的法律效力；②吕某和李某某在离婚协议中约定的案涉房产产权的归属，在没有办理产权过户之时，只能是属于债权性质的约定，而不发生物权性质的变化及相应的（物权）法律效力；③本案中，属于李某某的财产份额本应在李某某与吕某离婚时归李某某所有，李某某和吕某约定归李某所有，那么李某据此获得该财产的性质法理上属于李某某对李某的赠与，而根据原《合同法》第 187 条的“赠与的财产依法需要办理登记等手续的，应当办理有关手续”，因此，李某及其法定代理人吕某依据离婚协议办理产权变更登记之前，离婚协议约定属于李某所有的登记在李某某名下的财产份额，仍属于李某某所有，而不属于李某所有。

第三，李某主张判令解除对案涉房产的查封并停止对该房产执行的诉讼请求于法无据，依法不予支持，因为：①根据上述认定，案涉房产的所有权属于李某某所有，不属于李某所有；②根据最高人民法院《关于人民法院民事执行中查封、扣押、冻结财产的规定》第 2 条第 1 款的规定，人民法院可以查封、扣押、冻结被执行人占有的动产、登记在被执行人名下的不动产、特定动产及其他财产权。本案中，案涉房产登记在李某某名下，而李某某作为（2017）粤 0307 执 5551 号执行案件的被执行人，那么案涉房产属于李某某应当履行义务部分的财产，因李某某未履行生效判决所确定的法律义务，一审法院将案涉房产予以查封、处置，符合法律规定。

二、二审判决

二审法院认为，本案为案外人执行异议之诉。吕某与李某某在离婚协议书中约定将案涉房产登记在李某某名下的 50% 份额过户给儿子李某，该约定内容本质为吕某与李某某夫妻离婚财产约定，该约定为双方共同作出的意思表示，与双方婚姻关系解除、子女抚养及其他财产分割等约定内容一起构成离婚协议的有机整体，该约定内容非经双方共同同意，不得撤销或变更。李某获得案涉房产权益来自其父母离婚对婚姻财产的分割约定，原审法院认定属于李某某对李某的赠与依据不足，予以纠正。

李某能否获得案涉房产的所有权有赖于该协议的履行并办理产权登记，因此，李某对案涉房产享有的权益基于该协议的履行，该项权益本质上属于债权，并不属于物权，其在本案中请求确权缺乏法律依据（即李某的地位必须是物权人），原审法院未予支持并无不当。李某要求李某某办理过户手续的诉请属于吕某与李某某离婚协议书的履行纠纷，不属于执行异议之诉审理范围，本案不予支持。（案由的边界以及该案由的审理范围）

关于李某提出的停止执行请求能否支持的问题，根据《民事诉讼法司法解释》第313条[1]规定，该请求能否得到支持主要在于审查李某作为执行案件的案外人就执行标的是否享有足以排除强制执行的民事权益，简单来讲，案外人李某享有的民事权益相对于申请执行人杨某某享有的权益是否具有优先效力。根据查明的

1. 《民事诉讼法司法解释》2022年修正后，本条变更为第311条。

事实，首先，吕某与李某某在人民法院查封之前已签订合法有效的离婚协议书分割共有房屋；其次，李某与吕某在人民法院查封之前一直合法占有该不动产；然后，吕某已按离婚协议书承担了婚姻解除、抚养小孩、负担抚养费等对价；最后，李某已提起诉讼主张权利请求过户并申请了诉讼保全，在人民法院查封之前，房屋未办理过户登记或未被首次查封非李某自身原因造成。本院认为，李某基于父母离婚协议书对案涉房产享有的民事权益属于债权，与基于买卖合同的买受人债权应受到同等的保护，李某就执行标的享有的民事权益形成时间早于杨某某对李某某的债权，且在人民法院查封之前已经合法占有房屋，而占有为所有权能的一部分，具有一定的物权属性，相对于杨某某对李某某享有的普通债权具有一定优先效力，参照《执行异议和复议规定》第 28 条，应认定李某对执行标的享有的民事权益足以排除强制执行，因此，李某关于停止执行的请求应予支持。原审法院对此处理有误，本院予以纠正。二审法院审理思路见图 7-2。

二审法院作出以下判决（见图 7-3）。

（1）撤销广东省深圳市龙岗区人民法院（2017）粤 0307 执异 17118 号民事判决。

（2）不得执行 ×× 栋 ××× 房产登记在李某某名下的 50%

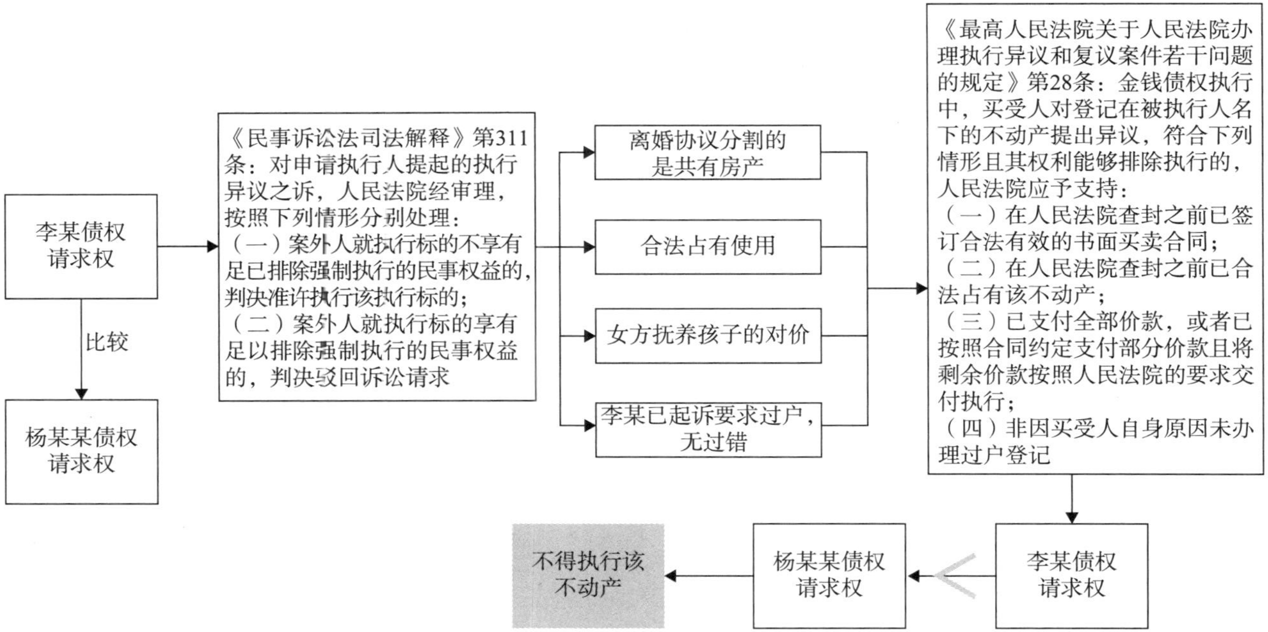

图 7-2　二审法院审理思路

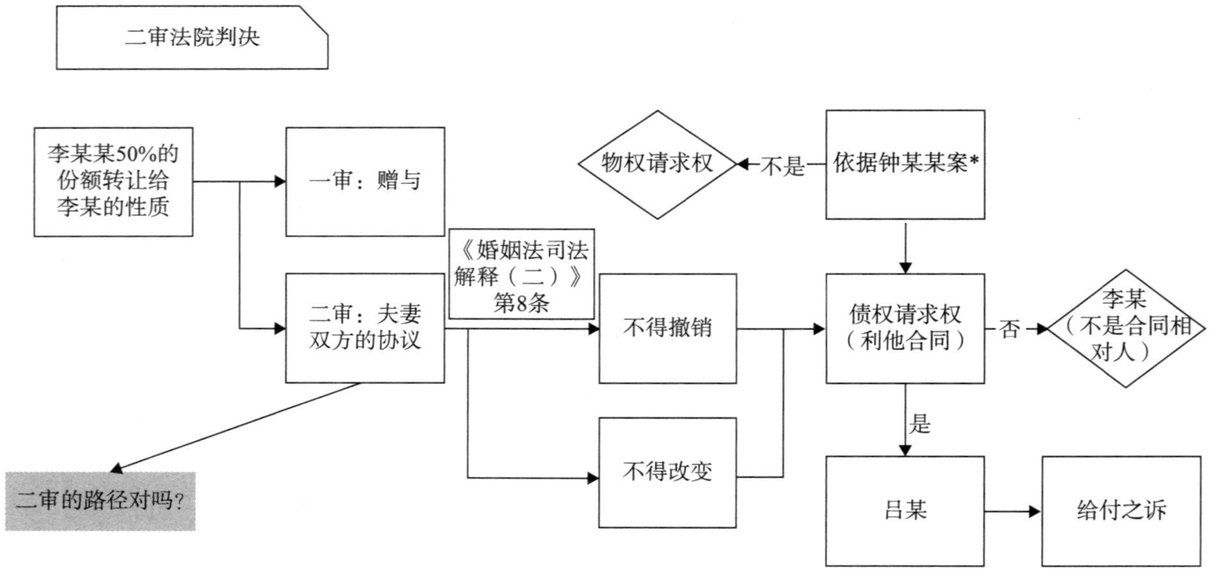

图 7–3　二审法院终审判决图

* 钟某某与王某、林某某案外人执行异议纠纷案，载于《最高人民法院公报》2016 年第 6 期。

产权份额。

（3）驳回李某的其他诉讼请求。

（4）一审案件受理费6265元，李某已预缴，由杨某某负担，二审案件受理费6265元，李某已预缴，由杨某某负担。广东省深圳市龙岗区人民法院（2017）粤0307执异119号执行异议裁定于本判决生效时自动失效。

理论·实务

一、执行异议和执行异议之诉的审查标准

在对执行异议是否成立的判断标准上，应坚持较高的、外观化的判断标准，以高效的形式审查为原则，故法院在就讼争房产提出的执行异议一案中，通常简单地依据外观登记主义会驳回异议人的执行异议请求。

执行异议之诉的一个显著特点是提起该诉讼有前置程序。我国《民事诉讼法》第227条（2021年修正后为第234条）规定，

案外人提起执行异议之诉必须以其对执行标的提出书面异议被裁定驳回为前提。简言之，案外人先提执行异议，被法院裁定驳回后才能提起执行异议之诉。故笔者曾看到有些法院的立案窗口单独设立该案由的专属立案，即执行法官或助理需要审查有无驳回异议的裁定才决定是否立案，不同于普通的民事案由立案。

该诉的核心是案外人对执行标的提出异议，而非仅仅针对执行行为提出异议。执行异议环节审查的主体是执行法院的执行部门，如案外人该异议得以支持，裁定结果对其有利，则不会进入案外人执行异议之诉，而有可能进入申请执行人异议之诉；如案外人该异议被驳回，则该案外人可依据法律规定，提起案外人执行异议之诉。从以上程序设置看，虽然案外人异议的核心在前后两个阶段都是围绕执行标的的实体权益展开的，但从处理的方式、效率、审查标准上看，有所差异，具体差异表现在以下 3 个方面。

（1）执行机构对案外人异议审查的主要目的，在于快速对案外人异议成立与否进行判断，以推进强制执行程序。在价值取向上更侧重于效率，审查期限只有 15 天。

（2）执行异议审查结论并非终局结论。对异议审查裁定不服，可提起执行异议之诉。

（3）异议审查程序与异议之诉审判程序对当事人权利保障不

同，前者的审查标准以形式审查为原则、实质审查为例外，后者则完全以实质审查为标准。[1]故该案由中案外人原告的异议请求能否排除执行，并不仅以讼争房产的权利外观的登记表征来判断，而应当从原告与第三人之间债权产生的时间、性质以及离婚协议的签订时间、内容等方面进行实体审查。

律师实务要点

如前所述，案外人执行异议之诉的提起，以执行裁定对案外人的异议进行审查并作出审查结论为前置程序。故在未完成执行异议前置程序的情形下，如果执行裁定主文认为当事人所谓“异议”不属于执行异议的审查范围，从而驳回该案外人的异议申请，实质上是未对案外人所提异议进行司法评判。虽是形式上的判断，但在此种情况下，如果赋予当事人提起执行异议之诉的权利，则不符合《民事诉讼法》第 234 条的规定情形，故应当驳回起诉。

1. 汤莉婷.关于离婚协议能否排除执行的案外人执行异议之诉审查标准解析［J］.法律适用，2019（10）：34.

二、案外人执行异议之诉强调其“诉讼”的特点

案外人执行异议之诉是执行程序中衍生出来的案由，本质上属于诉之一种。作为诉讼案件，案外人执行异议之诉应按照普通程序进行审理。适用一般民事案件的审理方式和程序，适用关于审判组织组成，审判人员回避，通过举证、质证、辩论等程序保障，重点对当事人之间的实体权益争议进行审查。通过裁判确认权利归属并对案外人实体权利能否足以排除执行作出实体判断，且此种判断不受登记、占有等物权公示方法的权利外观的限制，是按照实质权属进行认定的。在物权层面，如果案外人有充分证据证明，权利表象与真实权利不一致，其为执行标的实际权利人且该权利能够排除执行的，即成立《民法典物权编司法解释（一）》第2条的，应对其确权诉请予以支持。就本案的案情看，若简单以物权登记作为判断标准，其权利外观状态在义务人名下一目了然，无须通过法院的实体审查即可得出结论，则执行异议之诉没有审理的必要，将无法发挥其诉的救济功能。在债权层面，判断一种实体权利能否排除另案生效裁判文书强制执行的时候，应首先对该种权利的具体性质进行判断和归类，如是否构成法定优先权；在不构成法定优先权的前提下，在案外人提出的

实体权利是债权的情形下，如本案中，法院还应进一步查明引发冲突的两种债权权利的根源、形成时间、性质、内容等因素，通过正确的法律适用和法益权衡，综合、审慎地判断案外人执行异议所依据的民事权益能否排除执行，不宜仅依据权利外观作一概认定。

三、房屋被法院查封后排斥再另案诉请确权

需要强调的是，本案中还涉及执行异议之诉和能否另案确权之诉的协调。根据最高人民法院颁布的《关于执行权合理配置和科学运行的若干意见》(法发〔2011〕15号)第26条的规定，审判机构在审理确权诉讼时，应当查询所要确权的财产权属状况，发现已经被执行局查封、扣押、冻结的，应当中止审理；当事人诉请确权的财产被执行局处置的，应当撤销确权案件；在执行局查封、扣押、冻结后确权的，应当撤销确权判决或者调解书。故，在本案中房屋被另案查封后，依据该司法解释，当事人即不得再另案提起确权之诉。同时提请律师注意，本案中的儿子不具有原告资格。因为，在2015年出版的《最高人民法院民事诉讼法司法解释理解与适用》一书的第821页，该条解读为可以另案

确权，从而导致两个最高人民法院的司法观点“打架”，引致裁判不统一。为此，最高人民法院特意在八民会议讲话中专题重申了该问题，其主要内容就包括了要明确执行异议之诉的目的。其中，审查的关键点之一是案外人对执行标的享有合法真实的实体权利，主要是物权，当然也包括部分法定优先权。要注意的是，在审理执行异议之诉中，无论当事人是否提出确权的诉讼请求，都要查清实体权利的性质和归属。对于能否允许当事人不提执行异议之诉，另行起诉确权的问题，最高人民法院《关于执行权合理配置和科学运行的若干意见》第26条中明确规定，人民法院的查封排除了其他法院关于该查封物的另案确权。《执行异议和复议规定》也规定，案外人依据执行标的被查封、扣押、冻结后作出的另案生效法律文书提出排除执行异议，人民法院不予支持。因此，目前来看，不宜再允许当事人另案确权。八民会议纪要再次明确：被采取执行强制措施的财产排除另案确权。

排斥另案再诉请确权的机理是，在案外人以所有权对抗执行的执行异议之诉中，当事人（案外人）会同时提出确权的诉讼请求，如本案（虽然其原告不适格且提请物权确权不符合该确权的法定情形）。从逻辑上讲，无论案外人是否提出物权确权诉请，人民法院首先都要对案外人提出的实体权利作出从物权到特殊债权的递减梳理和认定，才能判断是否支持案外人关于能否排除执行的诉讼请求。

四、夫妻共同债务的认定不属于执行异议之诉的范畴

执行异议之诉的案由审理中，常遇到这样的情况，作为执行依据的生效裁判确定的债务人为夫妻一方，即没有根据《民法典》第1064条认定为夫妻共同债务。执行法院在查封、扣押、冻结夫妻共同财产后，被执行人的配偶却提出异议要求排除执行50%份额的，对于该执行异议之诉案由中能否对夫妻共同债务进行审理与认定，司法实践中有肯定和否定两种观点。肯定观点认为：是否为夫妻共同债务，是执行异议之诉中裁判执行夫妻共同财产的全部还是50%份额的前提，在执行异议之诉中对是否为夫妻共同债务作出审理与认定，符合诉讼经济与便利原则，且执行异议之诉同为诉讼程序，为当事人提供的诉讼权利保障与普通民事诉讼是同质的。否定观点认为：执行异议之诉的程序功能是决定排除执行和确权，确权不是第一位的，是否为夫妻共同债务的认定应当归入普通民事诉讼程序，在合适的案由中进行审理，在

没有生效裁判认定案涉债务系夫妻共同债务的情况下，执行异议之诉程序中，只能判决执行夫妻共同财产中属于被执行人一方的份额。提请律师注意，司法实务中对此采否定观点。

五、执行异议之诉中法院的相关审查要点

执行异议之诉中法院的相关审查要点如下。

第一，前妻、前夫对债权人所负的债务发生在离婚之前或之后，债务系被告的个人债务，还是夫妻共同债务。

第二，外部债权人虽对讼争房产实施了财产保全，但并未办理抵押登记，其仅为普通债权人，对讼争房产通常不享有基于交易的信赖利益。

第三，协议离婚时间是否早于债务的发生时间，从而判断双方的离婚行为无明显恶意串通的故意。

第四，离婚协议约定中，夫妻双方是否对共有财产作了较为均等的分割，债务人的责任财产并未因离婚协议的财产分割约定而明显减少，故离婚协议中关于财产分割的约定未侵害债权人或潜在债权人的利益，无恶意串通逃债的嫌疑。

第五，未及时办理讼争房产变更登记的原因。判断原告是

否应当预见不及时办理过户登记存在一定的法律风险，其对讼争房产被法院查封是否存在一定过错，以确定原告主观上不属于故意拖延、拒绝配合办理讼争房产产权变更登记等有重大过失的情况，过错程度不足以排除其对讼争房产的物权期待权。

第六，原告是否一直居住于讼争房产，是否名下除了讼争房产无其他房产，对其主张的对讼争房产的生存权益及支配利益的保护应当优先于对债务人的普通债权人对讼争房产的信赖利益的保护。

六、该案由中法官思维的层层递进

1.《执行异议和复议规定》第 27 条的优先适用

当案外人提出依据离婚协议关于房屋产权的约定来对抗申请执行人时，应当进一步判断申请执行人所享有的金钱债权的性质，以区分申请执行人是否为普通债权人。《执行异议和复议规定》第 27 条规定，当申请执行人对执行标的享有抵押权等担保物权时，其作为优先债权人，债权因登记而具有公示对抗效力，可对抗案外人对执行标的主张的权利。可见，如果案涉债权为已登记公示的优先债权，则离婚协议作为未经公示的财产权属约定，不能排除执行。

2. 申请执行人是否为交易中的第三人

物权的公示公信制度保护的是交易中的第三人，立法初衷是维护市场交易安全和交易中的善意第三人，申请执行人如果并非通过市场交易而购买讼争房产的第三人，而仅仅是对讼争房产的登记所有权人享有一般金钱债权，则其并不属于未经公示而不得对抗的善意第三人的范畴，不属于物权公示公信制度的保护对象。虽然离婚协议中的约定涉及讼争房产所有权的转移，但讼争房产实际上未进入市场进行交易流转，不涉及交易秩序和流转安全。如果夫妻一方依据离婚协议而主张对讼争房产的所有权，并未侵害社会公共利益及第三人的合法权益，那么无绝对坚持物权公示公信原则的必要，从法律适应社会需求、维护公平的角度看，有必要对未登记的当事人提供适当救济。

3. 申请执行人的利益是否实际受损

在司法实践中，通过离婚协议对共有财产进行分割后因未及时办理产权变更登记而被法院查封的情况较为常见。讼争房产是否被强制执行，直接关系到申请执行人的债权能否完全实现，与其债权利益密切相关，因此，离婚协议能否对抗申请执行人，应当以申请执行人的债权利益是否实际被侵害为审查重点。如果离婚协议对共有财产的分割相对均等，债务人的责任财产并未因离婚对共有财产的分割而明显减少，则可视为申请执行人可实现的债权利益并未受到实际损害，应当本着追求实质正义的精神，尊重夫妻之间的真实意思表示，按照约定保护实际权利人。

4. 案外人与债务人是否具有恶意串通的故意

实践中，讼争房产在离婚前通常为夫妻共同财产，案外人与债务人恶意串通，通过离婚行为转移财产逃避债务的情形屡见不鲜。离婚行为以及离婚财产分割协议中关于讼争房产产权变更的约定是否具有恶意串通的故意，应当从以下两个方面进行审查。

（1）离婚行为确属双方真实意思表示。如果案外人与债务人存在长期分居、曾起诉离婚等能证明夫妻感情确已破裂等情况，一般认定离婚行为是双方真实意思表示，无恶意串通的故意。

（2）案外人与债务人离婚的时间是否早于债务人与申请执行人债务关系发生的时间。如果离婚协议签订的时间早于债务发生的时间，则案涉债务属于债务人的个人债务，与案外人无关，一般认定为无恶意逃债的故意。

5. 案外人对未办理过户登记是否具有重大过失

依据《执行异议和复议规定》第 28 条的规定，明确非因买受人自身原因未办理过户登记是保护案外人物权期待权的必要条件之一。在执行异议的审查中，如果无其他客观原因，当案外人未通过诉讼或其他可证明的方式催促办理过户登记的，即认定案外人对讼争房屋未办理过户登记具有过错，不得排除执行。但执行异议之诉如果依然依据前述“表面权利规则”保护名义权利人，则执行异议之诉就失去了存在的必要，因此，执行异议之诉对案外人未办理过户登记存在过错的判断标准应当低于执行异议审查中的过错标准，即当案外人对未办理过户登记存在重大过失时，不得排除执行。例如，案外人存在为了避税而故意不办理讼争房产变更登记、经催促仍拒绝办理变更登记等故意拖延办理变更登记的情况，应当认定案外人对未办理过户登记存在重大过失。

6. 价值的冲突与权衡

我们在分析案例时，应当权衡如下两类价值。

（1）物权期待权（前夫妻之间）与普通金钱债权的权衡。离婚协议中关于夫妻共同财产的分割应当属于夫妻在婚姻中的意思自治，民法中的法律行为制度就是意思自治的工具或手段。意思自治应当包括行为自由与效果自主。案外人与债务人经自愿协商达成离婚协议，如果案外人已经实际占有、使用讼争房产，其对于讼争房产未及时办理变更登记没有重大过失，其对讼争房产即产生了直接的支配关系，其距离完整法律意义的所有权人仅有一步之遥，与讼争房产的关联更为密切，故案外人因离婚协议的约定对讼争房产享有物权期待权。如果申请执行人仅为一般金钱债权人，并未办理抵押登记等公示行为，其债权未经公示不具有优先效力，根据权利的优先性比较，其对债务人的债权难以对抗实际权利人对讼争房产享有的物权期待权。

（2）生存权益与信赖利益的权衡。房产与一般财产的主要区别在于，其除了具有一定财产价值，还具有给居住人提供生存保障的功能，故判断案外人对讼争房产的权利能否排除执行，还须判定讼争房产是否涉及案外人的生存权益。如果案外人能举证证明其除了讼争房产名下无其他房产，且一直居住于讼争房产内，则应当认定讼争房产涉及案外人的生存权益。一般债权人基于对债务人所享有财产的情况而产生一定信任，而与其发生债权债务关系，或在诉讼或执行程序中保全了讼争房产，如果债务人名下财产的实际权利人与登记权利人不符，即侵害了一般债权人的信赖利益。但毕竟对一般债权人的债权保护还可以通过执行债务人的其他责任财产实现，而对居住于讼争房产的案外人来说，对讼争房产的执行会影响其生存保障，故对案外人生存权益的保护应当优于对一般债权人信赖利益的保护。

律师实务要点

在执行异议之诉的案由中，对于离婚协议房屋产权的约定能否排除执行的争点，代理律师应当从债权的性质、申请执行人利益的考量、案外人过错的判定、价值的冲突与权衡等方面切入分析，提醒法官进行综合、审慎的判断。如果所涉执行债权为普通债权，离婚双方无恶意串通故意，申请执行人的利益未实际受损，案外人无重大过错且涉及其生存权益，则对于实际享有房屋所有权或期待权的案外人利益应当予以保护。应当说明的是，就债权性质，金钱债权效力较弱，但讼争房产的买受人的债权类似于物权期待权；如果申请执行人在寻找被执行人责任财产时发现并保全了讼争房产，其对讼争房产仅享有一定的信赖利益，但如果将其金钱债权优先于买受人享有的物权期待权予以保护，则缺乏合理性基础。

七、离婚协议中房产归属或赠与子女的相关理论与实务问题

夫妻双方在离婚协议财产分割过程中必然会关注其子女的权

益，实务中，离婚协议在约定子女抚养费之外，通常还约定将一方所有房屋或者夫妻共有房屋赠与子女。该条款与离婚协议中夫妻间房产赠与的约定有无区别，司法实务中该子女是否也应被视为受赠人，在法院审判中主要涉及以下几个子问题。

1. 离婚协议中赠与条款的效力

最高人民法院认为，离婚协议中的赠与条款是对财产进行分割的一种方式，具有法律效力，不能任意撤销。其理由是根据《民法典婚姻家庭编司法解释（一）》第 69 条第 2 款的规定，这种法律约束力表现为双方当事人不得擅自变更或解除合同。法院仅在发现订立财产分割协议时存在欺诈、胁迫等情形才可将有关财产分割的条款撤销。因此，离婚协议中有关赠与财产的内容是夫妻对其财产协商处分的约定，具有法律效力，不能任意撤销。《民法典婚姻家庭编司法解释（一）》第 69 条的规定排除了适用《民法典》第 658 条的可能性。《民法典》第 658 条规定的是撤销权的任意性，即不需要任何理由，具有随意性，而《民法典婚姻家庭编司法解释（一）》第 69 条强调了离婚协议中财产分割条款的法律约束力，不可擅自变更或解除。离婚协议中赠与条款的法律约束力相较于合同法任意撤销权的任意性，系特别法，根据特别法优于一般法的法律适用原则，应当优先适用《民法典婚姻家庭编司法解释（一）》第69条的规定。

2. 离婚协议中赠与子女条款与整个离婚协议的不可分割性

最高人民法院认为，离婚协议中的赠与子女条款与整个离婚协议是一个整体，不能单独撤销。理由是离婚协议主要是为了解除双方的婚姻关系，有关财产分割、子女抚育等条款均是为了解除双方身份关系而设的“一揽子”协议。因此，男女双方基于离婚事由将夫妻共同财产处分赠与给其子女的行为性质，可认定是一种有目的的赠与行为。该种赠与行为不完全等同于合同法中的普通赠与合同，离婚协议中的赠与是对共有财产的分割，具有明显的目的指向性，如果单独予以撤销，那么整个离婚协议就会不完整，以协议离婚方式解决离婚纠纷的目的就会落空。在双方婚姻关系事实上因离婚协议得以解除且离婚协议的其他内容均已履行的情况下，应认为赠与财产的目的已经实现，故该赠与子女条款依法不能随意撤销。

3. 夫妻之间的房产赠与行为系基于法律行为的物权变动，并非《民法典》第209条的但书情形

最高人民法院民一庭负责人曾在《婚姻法司法解释（三）》回答记者提问时明确：“我们经反复研究论证后认为，我国《婚姻法》规定的三种夫妻财产约定模式，即分别所有、共同共有和部分共同共有，并不包括将一方所有财产约定为另一方所有的情形。将一方所有的财产约定为另一方所有的，属于赠与行为。若双方达成有效协议，但未办理房产变更登记手续的，依照《物权法》的规定，房产所有权不发生转移。而依照《合同法》关于赠与的规定，赠与房产的一方可撤销赠与。”[1]该论述明确了将归属于夫妻一方单独所有的财产赠与配偶另一方，使另一方纯获利的协议约定，仅构成夫妻在合同法上的赠与关系。涉及婚姻、家庭人身关系的离婚协议，同样是纯获利一方的子女，也属于合同法上的赠与关系，即离婚双方当事人将财产约定为子女所有的情况也属于赠与行为，优先适用《民法典婚姻家庭编司法解释（一）》第69条的规定。没有法定欺诈、胁迫情形，不得撤销。

依据《民法典》第209条第1款的规定“不动产物权的设立、变更、转让和消灭，经依法登记，发生效力；未经登记，不发生效力，但是法律另有规定的除外。”夫妻之间赠与房产亦属于依法律行为发生的不动产物权变动，应依照不动产登记生效原则，确认房产转让的物权效力。有观点认为，应以婚姻财产为由

1. 张先明.总结审判实践经验　凝聚社会各界智慧　正确合法及时审理婚姻家庭纠纷案件［N］.人民法院报，2011-08-13.

将夫妻赠与房产转让的效力归于非基于法律行为的物权变动或归入《民法典》第209条的但书，但均无法定依据。对此不当观点，最高人民法院在裁判中一贯对其予以否定，提请律师注意。举重以明轻，夫妻之间的房产赠与还须履行法定的登记生效，故，父母对子女的离婚赠与房产也应一体遵守不动产物权变动的登记生效原则。

4. 子女无请求义务人过户的诉权

离婚协议是夫妻双方就离婚及财产分割、子女抚养等事项达成的"一揽子"协议。根据合同法相对性原理和婚姻法的身份性原理，其身份效力和合同效力仅限于离婚的双方当事人。但离婚协议中约定夫妻一方或双方财产归属子女的条款（赠与子女条款），其效力往往涉及第三人子女。

通说认为，离婚协议如约定一方特定财产归属子女，实际上是一方向相对方允诺，将向子女给付指定财产；如约定双方共同财产归属子女，实际上是双方分别向相对方允诺，将向子女给付夫妻共同财产。因此，有观点认为离婚协议约定夫妻一方或双方财产归属子女，应视为夫妻一方或双方允诺向第三人给付，属于向第三人给付的合同或者为第三人利益的合同。所谓向第三人给付的合同，是指合同当事人约定由一方向合同关系外的第三人为给付，该第三人即因之取得直接请求给付权利的合同。虽然第三人不是订约当事人，但却可以依据合同接受债务人的履行并享有请求其履行的权利。换言之，在合同成立且生效后，债务人应负有向该第三人履行的义务，如果债务人不履行义务，应当承担违约责任。[1]然而，第三人可以独立享受权利，却毕竟不是合同当事人，因此不享有撤销或变更合同的权利，即使合同有可撤销的事由，第三人也不得主张撤销合同。[2]

最高人民法院的主流观点是，离婚协议中约定夫妻一方或双方财产归属子女，不属于向第三人给付合同，其与向第三人给付合同相比具有明显的不同：①属于附随合同，即离婚赠与乃离婚协议的组成部分或附件；②第三人为子女，与订约双方当事人具有特定的身份关系；③如约定双方财产归属子女，则合同双方均须向第三人给付。

值得探讨的是，若协议离婚后，一方或双方不向子女为协议允诺的给付，作为第三人的子女有无诉请给付请求权？根据合同理论，判断向第三人给付合同的第三人有无请求权的依据，就是

1. 王利明，崔建远.合同法新论·总则［M］.北京：中国政法大学出版社，2000：44.
2. 杨立新.疑难民事纠纷司法对策［M］.长春：吉林人民出版社，2000：203.

合同是否包含向第三人的允诺，无此允诺，向第三人给付合同就是“经由指令而为给付”合同，第三人无请求权，非受益人；有此允诺，向第三人给付合同就是利他合同，第三人有请求权，是受益人。[1]某些法律制度的宗旨是为第三人设定对债务人的受益请求权，如保险、信托等，为实现其宗旨，节约交易成本，债务人向债权人作出允诺时，法律推定向第三人作出允诺，第三人因此取得对债务人的请求权。而离婚协议约定夫妻一方或双方财产归属子女，通常是夫妻双方共同商定的，该合同并不包含对其子女的允诺，实践中有些子女对父母的离婚协议中该赠与内容并不知情。探究其本意，是夫妻双方就离婚时财产归属而向对方所作的允诺，属“经由指令而为给付合同”。据此，协议离婚后，由于子女既不是该离婚协议的当事人，又不是离婚协议的权利人，也不是义务人，只是其中某民事权利（房屋）指向的对象，纯粹是离婚协议的受益人。故一方或双方不向子女为协议之给付时，子女无请求义务人房屋过户的给付请求权。特别提醒律师注意此知识点，因为这涉及诉讼主体的适格问题。常见的主体错误是子女当原告，给付义务人当被告，非义务人的父或母当第三人。特

1. 李锡鹤.民法原理论稿［M］.北京：法律出版社，2009：217-218.

别强调，适格的原、被告是原离婚协议的双方，受赠子女作为原告主体不适格，只能依靠原离婚协议由签订一方的父或母代为行使。

5. 案由方面（重点关注：一定不要诉请物权确权案由）

根据最高人民法院《民事诉讼法司法解释》第312条第2款的规定，案外人同时提出确认其权利的诉讼请求的，人民法院可以在判决中一并作出裁判。根据上述规定，案外人执行异议之诉实质上是将确认权利归属的确权之诉与排除执行的形成之诉合并。对于案外人提起执行异议之诉，主要审查判断案外人对执行标的是否享有足以排除执行的实体权益。因此，从程序构造上，案外人执行异议之诉是“确认之诉 + 形成之诉”的组合结构。

因为受赠子女在没有办理房屋不动产登记之前，对该诉争房屋享有的是请求义务人配合过户的给付义务，其不是物权人，即没有直接的诉权，更不能直接诉请物权确权。例如，在某案例中，原告请求确认位于广州市番禺区市 ×× 街的房屋归陈某乙（儿子）所有就是错误的诉请。案涉房屋目前登记在陈某甲（父亲）名下，各方当事人对此无异议，在案涉房屋未完成转移登记之前，陈某乙对案涉房屋并不享有物权，只享有过户请求权，故对陈某乙请求确认案涉房屋所有权的诉讼请求，不予支持，陈某乙请求谢某某（母亲）、陈某甲（父亲）协助其办理产权变更手续，于法有据，予以支持。

6. 对《物权法司法解释（一）》第 2 条的再解读

《最高人民法院物权法司法解释（一）理解与适用》一书出版后，针对其第 2 条的解读，最高人民法院民事审判第一庭司伟博士在《民事审判指导与参考》第 66 辑上，对其进行了一定的修正解读。原《物权法》第 9 条规定，不动产物权的设立、变更、转让和消灭，经依法登记，发生效力；未经登记，不发生效力，但法律另有规定的除外。《物权法司法解释（一）》第 2 条规定："当事人有证据证明不动产登记簿的记载与真实权利状态不符、其为该不动产物权的真实权利人，请求确认其享有物权的，应予支持。"该规定中的"不动产登记簿的记载与真实权利状态不符""其为该不动产物权的真实权利人"，在物权权属确认之诉的裁判规则语境下，应分别理解为不动产登记簿的记载与真实的物权权利状态不符、其为该不动产物权的真实物权权利人。而在本案中或借名买房案由中，案涉房屋依法登记的物权权利人是义务人，是真实的、正确的，其是该房屋的真实物权权利人。子女基于父母离婚协议受赠房屋或借名人主张其借出名人（登记人）名义购买案涉房屋的事实即使属实，两种案型下的借名买房协议书以及子女基于离婚协议受赠房屋均仅具有债权性质，且并非法律规定可以发生物权变动的法定事由，不能产生物权变动的法律后果，在此债权的逻辑情形下，借名人对案涉房屋仅享有依据该委托协议要求出名人将案涉房屋办理过户登记至其名下的债权请求权，是给付之诉，借名人依法不享有物权。而子女甚至连诉权都没有，加之，离婚协议书房屋赠与不属于非基于法律行为的物权变动，连前配偶对登记名义人基于离婚协议所享有的也是请求过户的债权请求权。举重以明轻，子女更不可能是直接的物权人。

综上所述，案涉房屋不存在不动产登记簿记载与真实权利状态不符的问题，子女或借名人亦非案涉房屋物权的真实权利人，其以借出名人名义购买案涉房屋为由或以离婚协议受赠房屋为由，请求确认对该房屋的物权权属，不予支持。

7. 起草离婚协议方面

值得注意的是，起草离婚协议内容的准确和庭审时解读离婚协议书内容的合同解释规则。例如，浙江省绍兴市中级人民法院在（2021）浙06民终3595号裁判文书中，法院的判决思路如下。

（1）双方离婚时是否存在将案涉房屋赠与儿子的意思表示。双方当事人在离婚协议中约定离婚后案涉房屋归男方（戚某）所有，儿子享有继承权。从离婚协议看，离婚后，案涉房屋归男方所有的约定明确。现陈某（女方）辩称因案涉房屋存在贷款问题，双方通过写继承权的方式[1]，真实意思表示是该房屋归儿子所有，并提供双方微信聊天记录来证明其抗辩。即使根据双方离婚后的聊天记录，戚某并未承认离婚协议的约定是案涉房屋归儿子所有的意思表示，仅认可案涉房屋今后由儿子继承。故一审认定“双方在离婚时约定房屋给儿子，被告陈某通过写继承权方式用以保障儿子的权利”依据不足，本院予以纠正。

（2）儿子享有案涉房屋的继承权，戚某可否将案涉房屋登记于其名下。戚某和陈某虽在离婚协议中约定儿子享有案涉房屋的继承权，但继承尚未发生，不影响戚某依约享有案涉房屋的所有权，现戚某要求陈某（女方）配合其办理诸暨市暨阳街道和家园房产的过户手续，于法有据，陈某应协助戚某将上述房屋的所有权变更登记至戚某名下。同时，戚某应当遵守离婚协议的约定，秉承诚实守信原则使用、管理讼争房屋，不得损害双方儿子对讼争房屋享有的继承权。如果戚某的后续行为导致离婚协议中有关双方儿子对案涉房屋享有继承权的约定无法实现，权利人可另行主张权利。此案中，按照合同解释的规则，从协议所使用的词句

1. 是指前文中用协议的书面形式把继承权确定下来。

中无法解读出该离婚协议书有将房屋赠与子女的意思表示，只能解读出有继承权。所以，对涉及赠与子女房屋条款的离婚协议书其语句、文义，必须准确。

8. 可否单独诉请义务人偿还房贷

离婚协议书约定应由原登记权利人支付房贷而实际由该协议的相对方即前配偶代付房贷的情形下，能否提出给付之诉。义务方通常提出抗辩，称离婚协议书明确约定案涉房产的剩余房贷由义务方继续履行还贷，案涉房屋尚未过户到子女名下，赠与行为并未完成，故无论双方是否将房产赠与子女，协议相对方（前配偶）均无权直接向义务方主张相应权利。

法院裁判规则如下：夫妻离婚时，夫妻的共同财产可以由双方协议处理。离婚协议中关于财产分割的条款或者当事人因离婚就财产分割达成的协议，其内容不违反法律规定的，对双方具有法律约束力。案涉房产赠与是特殊赠与行为，相关房产是否已过户给子女不影响协议对于约定条款的效力。因义务方未能按约履行双方协议约定支付相应房贷，且双方均确认贷款银行在特定违约情形下有权采取一定的措施，前配偶对剩余房贷进行支付的行为可减少相应损失，其在义务方未能按照离婚协议书约定履行义务的情况下采取的合理措施，且未违反法律相关规定，其有权要求义务方将本应按协议向银行支付的款项支付给已代为支付的本人。关于案涉适用案由，根据法律规定，法院通常认为当事人因履行离婚财产分割协议发生纠纷提起诉讼的，人民法院应当受理。义务方的违约行为是基于违反双方离婚协议书中关于双方共同财产分割的一项规定，前配偶以此约定为前提进行诉讼，在本案以离婚后财产纠纷为案由的情况下，亦符合法律规定。

律师实务要点

离婚后房屋赠与子女单独作为一个条款，对该房屋的贷款分担或负担也单独作为一个条款，两条是并列关系，尽量勿写入一个条款。

学习心得

2018 年参加王忠老师的授课时与王老师相遇，经过接触了解到，王忠老师平日酷爱读书，善于探寻裁判背后的法理，26 年的审判经验造就了其深厚的法学理论功底和精湛的业务水平。我被王老师的授课内容和专业性深深吸引，后面追着王老师听了婚姻家事、执行异议、担保物权、出庭、公司法等课程，跟着王老师的课读书、做笔记，模仿王老师分析案件的思路，不知不觉中成长很多。

这些年追王老师的课结识了不少优秀又可爱的兄弟姐妹，在一起度过了开心充实的时光，有碰到疑难问题共同探讨的启迪，亦有同游山水交流的畅快。虽然受客观因素的影响，我们不能常相见，但能在王老师的指导下与兄弟姐妹们一起耕读经典、研学进步亦是幸事。

——范文佳律师

广东君言律师事务所合伙人

2018 年与王忠老师相识于深圳课堂，王老师深厚的法律内功与精彩的授课风格令我受益良多。初遇王老师时，我在法律实务领域道行尚浅，此后几年，一路跟着王老师的课程学习，从公司法到担保物权、从婚姻家事到执行异议、从出庭技能到裁判思维等，一路走来大有进益。可以说，王老师是我走专业化路线的领路人，本书凝练了一位曾经的法官 26 年审判经验的心血，个中滋味，值得细细品读。

——王琼

北京市中伦文德（南昌）律师事务所合伙人

从 2018 年开始听王忠老师授课到这次能够阅读这本书，我全方位地感悟到王忠老师从法官审判角度，就本书中每一个真实的婚姻家事案例，带领读者掌握和领会法官背后的裁判思维和裁判逻辑。相信大家也会和我一样，读完本书后，在司法实务中有了方向。这本书不仅为法律从业者提供了强大的思维工具，更是一场深入人心的法律盛宴。

——梁进兴律师

北京市盈科（邯郸）律师事务所管委会副主任

民商事法律事务部主任

虽是多年律师，但我对婚姻家事纠纷多有实践而不得其意。婚姻家事看似日常，实则繁杂，横跨伦理学与法学，在法学领域又涉及婚姻家事与物权、公司法等的交叉。在本书中，王忠老师运用裁判思维，从真实判例入手，拆解法官的审判思路，再做理论延伸与实务扩展，提示律师要做到理论与实践的结合、实体与程序的结合，特别是要明晰法官的裁判思维。

正如王老师所说："律师是一个演员，一定要知道导演的剧情，这样才能在法庭这个场景中发挥好角色，所以说，高段位的律师必须懂法官思维。"作为律师，我会一再研读此书，希望能实现王忠老师对律师的期许，在专业上有所得，为客户提供更好的法律服务与法律产品。

——张亚辉律师

河北瀛冀律师事务所合伙人

读完"所有权确认——房产加名"这一专题，映入脑海的第一个想法是，我国的法学家为了将写在纸面上的实体法律应用于复杂的现实生活去解决一个个生活难题，真的是操碎了心。

感触特别深的是，《民法典》中婚姻家庭编关于夫妻共同财产的规定与物权编规定的物权登记效力的冲突问题。

正如文中所说，“受中国传统习惯和婚姻法律制度的影响，家庭成员间独立权利意识淡薄，配偶间不动产权属登记常以一方的名义进行”，导致在很多婚姻关系存续期间共同购买的不动产都登记在配偶一方名下。

因此，如何解决法理与情理的矛盾就成了一道难题。而我国的法学家用严谨的法律推理逻辑，从不同的分析角度，共同得出了完美解决这一难题的答案。不管是将夫妻财产共有权的法定取得（《民法典》第 1062 条）解释为“法律另有规定的除外”情形（《民法典》第 209 条），还是从法理角度分析“隐名共有人（配偶）作为一种基于婚姻法特殊规定而确定的事实物权人，并不会危害社会公共利益和交易秩序”的论述，都共同形成了一套自恰的法律逻辑，这是法学家的智慧，更是法律之美。

李莎

中国人民大学 2017 级法律硕士

北京风雅颂专利代理有限公司